Att bemästra inflytande - mörka hemligheter för övertalning och sinnekontroll

Bemästra inflytande - mörka hemligheter av övertalning och sinnekontroll

I J Nayak

Indien
2023

INNEHÅLL

Språk och tanke är oupplösligt sammanlänkade. Platon, en forntida grekisk filosof föreslog att vi bara upplever verkligheten genom språket; Wilhelm von Humboldt ansåg språket vara grunden för tanken; dessa idéer formaliserades till Sapir-Whorf-hypotesen som hävdar att ett språks struktur påverkar hur talare tänker; ett tydligt exempel är hur antalet tillgängliga ord för att särskilja färger påverkar hur talare uppfattar färger - detta koncept att begränsade ord begränsar och kanaliserar kognitiva val är något inflytelserika manipulatorer använder till sin fördel samtidigt som de leder dem på den här tankevägen är avgörande och allmänt antagen. över tid av filosofer som Humboldt också.

George Orwells Nineteen Eighty-Four var en inflytelserik bok som lyfte fram fascistiska styrande organ som använder retoriska strategier som en del av sitt styre, som verkar med manipulativ kraft i nivå med vilken självcentrerad narcissist som helst eller en passionerad sociopat. Den här boken fortsätter att undervisas i amerikanska skolor och en av dess största effekter var att avslöja hur språkmanipulation uppstår; specifikt genom att introducera Newspeak som regeringens val. Newspeak tillåter makten att förändra grundläggande begrepp och vår verklighetsuppfattning genom att begränsa språkanvändningen. Människor som använder det uppfattar bara vissa saker samtidigt som de försummar eller inte bearbetar allt som kan anses olämpligt. Enkelt uttryckt definierar Newspeak verkligheten för sina medborgare genom att begränsa språket. Som en förlängning blir individualitet nästan omöjlig när språket begränsar talmöjligheterna för självuttryck - adjektiv till exempel förenklas till ogynnsamma adjektiv som hindrar individer från att uttrycka nyanserade tankar om något utanför deras förståelseomfång och förhindrar att nyanserade tankar uttrycks fritt. Detta gör det möjligt för regeringen att omformulera verkligheten så som den uppfattas av deras undersåtar genom snäva definitioner som begränsar valmöjligheter som är tillgängliga för självuttryck – liknande hur politiska partier ofta begränsar talalternativ och begränsar alternativ som omformulerar verkligheten för alla inblandade.
De använder ord för att skapa polariserat tänkande och lägger till lager av tolkning i själva orden, som att kalla sexuella möten för "sexbrott". På baksidan av det myntet finns tvångsarbetsläger som kallas "glädjeläger", vilket tyder på positiva egenskaper till vad som annars borde vara en negativ upplevelse - allt utformat för att säkerställa lydnad. Denna taktik sträcker sig även till statliga grenar som är namngivna för sådana ändamål: Kärleksministeriet upprätthåller lagar och tar ut straff medan Fredsministeriet för krig medan Sanningsministeriet fungerar som propagandaarm för sina respektive grenar – vilket ger dem trovärdighet inom sina led.

Det finns gott om exempel på regeringstjänstemän som använder reframing-strategier till sin fördel. Under det amerikanska presidentvalet 2016 skapade kandidaten Donald Trump rubriker när han omdefinierade "falska nyheter", en benämning som vanligtvis används på sajter som sprider falska historier över sociala medier, för att istället hänvisa till faktiska vanliga nyhetskällor. Att omprofilera faktiska nyhetskällor som falska nyheter hade verkligen newspeak-konnotationer. När politiska aktörer använder slagord eller slagord som glorifierar deras sida eller nedsätter en annan, använder deras retoriska manipulationsförsök propagandatekniker i ett försök att begränsa kognitiva val inom sin publik och försöka begränsa kognitiva val som görs tillgängliga av sina publikmedlemmar.

Vad kan dessa verktyg användas till i en relation eller arbetsmiljö? Vi har redan sett exempel i vår serie om Gud, djävul och karisma. Retoriska val kan avslöja ett svar som förblir osagt.

Sociopater, psykopater, narcissister och liknande avvikande personlighetstyper använder många språkliga taktiker för att få övertaget i alla förhandlingar de engagerar sig i med sina offer. De kommer att försöka förvirra, desorientera eller på annat sätt frustrera sina mål för att utöva kontroll över dem – en taktik som används är språkmanipulation – så det kan vara värt att granska några av dessa manipulativa personligheters typiska ordval och retoriska inramningar från vår diskussion tidigare; vi kommer också att fokusera på hur dessa taktiker kan utspela sig i verkliga situationer som involverar offer när vi pratar igenom möjliga lösningsstrategier när vi möter någon liknande som använder språkmanipulation mot ett annat offer - vi kommer att fokusera på att diskutera hur detta kan se ut; vi kommer generellt att diskutera hur effektiva dessa taktiker kan fungera mot oss alla inblandade parter; Kommunikationstekniker som ofta används i mellanmänskliga relationer kan också gå över i affärssituationer.

Börja här för att förstå några av de nyckelfraser som används av sociopater - de med känslomässigt lösryckta personligheter som är kapabla att passionerat sträva efter egenintresse till skada för andra, och ofta anklagar sina motståndare för att överreagera - när de diskuterar situationer med dem. Både sociopater och psykopater använder ofta fraser som denna för att flytta fokus bort från alla problem eller situationer och lägga bördan på offret själva, vilket får dem att tro att det som var besvärande inte var ett så stort problem från början. . Sociopater använder ofta denna taktik som ett effektivt sätt att avsluta konversationer snabbt och ogiltigförklara känslor hos sina mål. En alternativ form av ogiltigförklaring innebär att berätta för offret att de är löjliga; en annan form av avslag med mer underförstådd omdöme. Du har inte bara fel eller överreagerar; du agerar också ologiskt - mycket kan sägas med bara några få ord!

Psykopater använder liknande taktik, med små modifieringar. Psykopater kan anklaga dig för att "överanalysera", en effektiv strategi som används för att snabbt destabilisera situationer. Psykotiker kommer ofta att försöka förvirra sina mål genom att antyda att de kanske håller på att bli galna eller avviker från sin rocker. När du svarar på dessa försök, kommer de helt enkelt att stänga av det med en anklagelse om överanalys - allt utformat för att få dig att ifrågasätta om dina antaganden verkligen var rätt om allt. Psykotiker kan dra sig tillbaka och anklagar dig för att skapa "drama". Återigen tjänar denna taktik till att vända på steken. Även när dina känslor av orättvisa är berättigade, kommer de att omformulera dem som något som inte ligger i linje med verkligheten och försöka misskreditera det som en del av argumentet. Psykotiker är experter på gaslighting - en allt vanligare teknik. Båda tidigare teknikerna berör denna fråga; men med full gaslighting kommer psykopaten att hävda att de aldrig sa vad du vet att de sa; Med tanke på att psykopater är kapabla till komplexa beteenden skulle de till och med kunna göra detta mer framgångsrikt än någon av oss skulle vilja!
Att subtilt lura sig själva och andra till att tro deras falska uttalanden är ofta tillräckligt för att skicka chockvågor genom offren, vilket får dem att tvivla på sina egna sinnen och kanske till och med sitt förstånd.

Narcissister kommer att använda fraser som "Jag har aldrig känt det här förut" för att överdriva kopplingar mellan sig själva och sina offer, men samtidigt använda detta för att etablera framtida kontroll och medberoende uppmärksamhet från dem. Denna taktik får inte bara deras offer att må bra med sig själv, utan det är bara ett steg mot ytterligare kontroll och medberoende i framtida relationer. Narcissister projicerar ofta sina svagheter på dem som står dem närmast och använder den här taktiken när saker och ting inte går som de ska – i det här fallet kan det innebära att man anklagar sin partner för att vara paranoid eller kontrollerande. När saker och ting inte går som planerat använder de sådana anklagelser mot sin partner som hävstång mot dem - ett exempel på projektion. Narcissister tenderar att vara kontrollerande och paranoida själva; genom att projicera dessa egenskaper på andra kan de få sig själva att må bättre samtidigt som de destabiliserar partnern. En annan taktik kan vara att antyda att denna manipulator aldrig har upplevt detta problem med någon annan; detta hjälper till att omformulera så att bara du är ansvarig.

I vart och ett av exemplen som presenteras ovan kan retorisk omformulering också innehålla språk som tjänar till att driva ditt argument i en eller annan riktning - ord som löjligt, paranojakt och drama kan väga mer än du inser. Intellektuellt kanske du vet att det är falskt, men ändå är det svårt att bekämpa att bli anklagad för att skapa dramatik när du i själva verket känner dig upprörd. Att utvidga dessa tekniker till andra scenarier borde visa sig vara effektivt. På jobbet kan alla medarbetare eller chefer som har legitima klagomål mot en anställd med en av dessa personlighetsavvikelser lätt upptäcka att deras klagomål omarbetas som paranoiatiska eller mikromanagerande, eller att "jag har gjort det här jobbet i flera år utan att höra dessa klagomål tidigare", vilket antyder att deras klagomål i sig kan vara problemet.

Det här är typiska exempel på hur sociopater, psykopater och narcissister använder språket för att manipulera. Även om enskilda ord kan skilja sig åt beroende på vem som pratar.
Under en given situation avslöjar dessa exempel hur kraftfulla individer använder språkbaserade strategier för att få inflytande i olika situationer.
Kommunikation är ett verktyg
Liksom alla verktyg kan kommunikation användas för olika ändamål. En hammare har en huvudsaklig användning - att slå in spikar i väggar; dess kloände har en extra funktion - att dra ut spikar. Dessa två verktygsfunktioner fungerar hand i hand, där byggprojekt ofta är det huvudsakliga syftet de var avsedda för. En hammare kan också användas destruktivt - att slå sönder fönster eller att skjutas mot någons huvud eftersom vapen är alla möjliga alternativ - även om det inte var det som ursprungligen var tänkt, men dess funktion har helt enkelt ändrats beroende på vem som använder den.

Vissa kanske frågar när kommunikation övergår i manipulation som om kommunikation existerade på ett spektrum. Det är helt enkelt inte så kommunikation fungerar! Kommunikation övergår inte automatiskt till manipulation när man går för långt i en riktning - snarare fungerar kommunikation som ett verktyg som försöker påverka. Varje effektiv kommunikation, särskilt formella dialoger, bygger på retoriska verktyg. Oavsett hur många eller vilka du använder för att uppfylla de kommunikationsmål som satts upp för dig själv, kommer användningen av dem inte att leda till att du blir sedd som manipulatorer. Effektiv kommunikation mot positiva eller altruistiska mål är just det: effektiv. Grekerna förstod detta och såg effektivt argument som en indikator på sanning. Om en säljare eller läkare respekterar dina önskemål och agerar med dem i åtanke, kommer deras argument inte att uppgå till manipulation. Även om de övertygar dig om att genomgå livräddande operation trots din rädsla för operation, så länge som deras argument för det erbjudits ärligt.

Så om manipulation inte beror på grader, när går kommunikation över till manipulation? Svaret ligger inom motivation - liknas vid att använda en hammare som exempel: när den väl används med någon annan avsikt i åtanke blir den ett stötande verktyg eller vapen. Kommunikation fungerar på liknande sätt. Manipulation sker inte vid någon tröskel för använda tekniker eller effektiviteten av deras användning; snarare uppstår manipulation när den används orättvist för att lura eller främja en agenda som äventyrar dess kommunikationsmål. Precis som kommunikation kan vara både effektiv och ineffektiv, så kan manipulation. Vissa individer är helt enkelt ineffektiva på det, medan vissa målgrupper har blivit skickliga på att känna igen det. Om någon närmar sig dig på gatan för att försöka manipulera, och de misslyckas med att övertyga dig om något annat, undvik dem helt enkelt genom att gå därifrån; betyder det att de inte försökte? Nej! Vad bedragaren ägnade sig åt var inte enkel kommunikation eller ärlig övertalning - han försökte snarare manipulera men misslyckades kapitalt. Ibland kräver identiska tekniker för övertalning eller manipulation att bara ändra en variabel: talarens motiv. I andra fall kan teknikerna i sig vara i sig manipulativa; som de vi diskuterade i förra avsnittet. Varje form av bedrägeri eller manipulation är till sin natur manipulativ. Även om dina avsikter var goda, även med rättvis och effektiv taktik skulle du fortfarande ägna dig åt manipulation på någon nivå. Ibland kanske du faktiskt har någon form av positivt resultat i åtanke; din vilja att ljuga avslöjar dock en baktanke. En vilja att vilseleda är i sig en baktanke. Detta kan bli komplext, så låt oss hålla det här rakt på sak: när ditt motiv för resultat och taktik är positivt och rättvist, kan vi klassificera din kommunikation som övertalning. Varje gång som din önskan är att skada eller avancera dig själv över ditt mål, vilseleda eller spela orättvist med kommunikation på något sätt, eller spela orättvist med kommunikation, når det en tröskel som kan definieras som manipulation.

Innan vi diskuterar hur mörk psykologi fungerar och dess metoder mot dig, är det viktigt att vi först förstår exakt vad denna form av psykologi innebär. Psykologi, eller förståelse för hur det mänskliga sinnet fungerar, spelar en viktig del av det dagliga livet - från reklam och finans, brott och religion, till och med hat till kärlek; vilket visar varför förståelse av dess principer har sådan makt över mänskligt inflytande.

Psykologi kan vara ett mödosamt uppdrag, vilket förklarar varför de flesta människor saknar denna färdighet. Att lära sig alla de olika principerna är inte nödvändigt - utgå helt enkelt från dessa lektioner för en solid bas att bygga vidare på. Att läsa människor korrekt, förstå vad som får dem att ticka och deras reaktioner på oväntade sätt är nyckeln. Även då kan det vara nödvändigt att ta lektioner och läsa otaliga böcker för att få en fullständig förståelse - beroende på hur långt din förståelse sträcker sig.

Så varför är det så viktigt att förstå psykologi och mänsklig psykologi? För de som vet mer kan använda den makten mot dig.

Hur används mörk psykologi idag?

Medan vissa kan använda mörk psykologisk taktik med avsikten att skada sitt offer, kan andra använda dessa strategier utan att manipulera någon på något negativt sätt. Några av dessa strategier blev först populariserade under första världskriget. Omedvetet eller avsiktligt har vår verktygslåda utökats på olika sätt som:

* Som barn observerade du förmodligen hur vuxna betedde sig, särskilt de som stod dig nära.

* Som tonåring utökades ditt sinne när det gäller att förstå beteenden runt dig.

* Du kunde observera andra använda och sedan framgångsrikt tillämpa specifika taktiker.

* Till en början kan din taktik ha varit oavsiktlig; men så snart de började arbeta för att uppnå dina önskade mål, skulle de bli en del av din avsiktliga strategi.

* Politiker, talare och säljare kan ha utbildats i dessa taktiker för att uppnå sina önskade mål.

Mörk psykologi taktik som används dagligen

* Kärleksöversvämning: Kärleksöversvämning syftar på någon form av att lura människor att följa en begäran som du vill ha. Till exempel, om du behöver någons hjälp med att flytta in några föremål i ditt hem, kan kärleksöversvämningar få dem att må bra av att hjälpa till - öka oddsen för att de kommer att följa. Mörka manipulatorer kan använda kärleksöversvämningar på det här sättet för att få dem att känna sig fästa eller vidta åtgärder som de normalt inte skulle göra.

* Att ljuga: Att ljuga kan syfta på att ge ditt offer falska eller utsmyckade versioner av händelser i ett försök att få det du önskar gjort. Att ljuga kan innebära att bara berätta en del av sanningen eller göra överdrivna påståenden för att uppnå önskade resultat.

* Kärleksförnekelse: En form av manipulation som kan göra att deras offer känner sig vilsna och övergivna av sin manipulator, är att undanhålla tillgivenhet eller kärlek tills du kan få de önskade resultaten av dem.

* Tillbakadragande: När detta inträffar får offret antingen den tysta behandlingen eller undviks tills de uppfyller behoven hos en annan person.

* Begränsande val: En manipulator kan ge sitt offer tillgång till vissa val för att distrahera dem från att göra de som de inte vill att de ska göra.

* Semantisk manipulation: I den här taktiken använder en manipulator ord med vanliga definitioner för att förvirra sitt offer under konversation och sedan avslöja att de menade något annat när de använde det ordet; ofta ändrar detta hela definitionen och kan få den önskade konversationen att utvecklas även om deras offer kan ha blivit lurad.

* Omvänd psykologi: Omvänd psykologi uppstår när du manipulerar någon att utföra en handling bara för att få dem att agera åt andra hållet, väl medveten om att det var vad manipulatorn ville ha hela tiden.

Vem kommer avsiktligt att använda mörk taktik?

Många olika människor kan använda mörk psykologisk taktik mot dig, vilket kan inkludera taktik som de som finns här. Eftersom dessa människor kan försöka använda dessa mörka taktiker mot dig, är det avgörande att du lär dig att känna igen deras tillvägagångssätt och hålla dig borta från dem. Potentiella källor inkluderar:

Narcissister: Individer som har en överdriven känsla för sitt eget värde vill ofta att andra ska tro att de också är överlägsna. För att tillfredsställa denna önskan kan de

använda övertalning och mörka psykologiska tekniker för att uppnå vad de ser som dyrkande beundran från alla de kommer i kontakt med.
* Sociopater: Sociopater har en imponerande arsenal av charmiga, intelligenta och övertygande egenskaper; ändå agera bara på detta sätt när det är nödvändigt för att få vad de vill ha. Associativism innebär att de saknar känslor för att känna skuld för att de använder mörkpsykologiska tekniker för personlig vinning - inklusive att skapa ytliga relationer efter behov för att göra det.

* Politiker: Politiker kan använda mörk psykologi för att påverka väljarna att stödja dem genom att övertyga dem om att deras åsikt är den korrekta.

* Säljare: Inte alla säljare använder underhandstaktik mot dig; Men de som ägnas åt att nå sina försäljningssiffror kunde använda mörk övertalning för att manipulera människor och öka vinsten.

* Ledare: Mörkpsykologiska tekniker har länge använts av ledare för att manipulera gruppmedlemmar, underordnade och medborgare att följa deras vilja.

* Själviska människor: Själviska människor kan definieras som alla individer som prioriterar sina egna behov före någon annans behov, utan hänsyn till om det kommer att påverka dem runt omkring dem på något sätt. De kommer inte att oroa sig för att ge andra krediter där kredit ska betalas så att de själva kan dra nytta av det; så länge den här situationen fungerar till deras fördel spelar det ingen roll vem som förlorar, men om någon hamnar negativt påverkad så skulle det troligen vara dem istället för någon annan.

Denna lista fyller två viktiga funktioner. För det första kommer det att bidra till att öka din medvetenhet om de som kan försöka manipulera dig att göra saker du inte vill göra, samtidigt som det kan hjälpa till med självförverkligande genom att hålla utkik efter människor som vill få ut något av dig.
Ett av huvudmålen med den här boken är att utrusta dig mot mörk psykologi och hjälpa till att skydda dig själv.

Mental manipulation är en term som ofta hörs på sociala medier och vanliga kommunikationsplattformar, ofta i samband med stora offentliga evenemang, politiska kampanjer eller reklamstrategier. De flesta individer förstår vad "mental manipulation" syftar på men kan sakna en grundlig kunskap om dess definition och omfattning.

Mental manipulation innebär att forma och manipulera en annan persons tankar för att påverka dem att göra vad du vill att de ska göra. En manipulator påverkar andra genom bedrägliga eller oetiska medel.

Manipulation innebär i allmänhet en viss grad av kraft mot dess mål; det vill säga, manipulatorer kommer att försöka tvinga sina mål att göra vad de vill trots motstånd från målen själva.

Nu, när jag pratar om att hjärntvätta människor som i filmer, menar jag inte att använda kidnappnings- och hjärntvättstekniker som ofta skildras. Det jag diskuterar är subtila tekniker och strategier som används för att övertyga andra om en sak utan att de är medvetna om att de kontrolleras.

Egentligen får mästarmanipulatorer det att verka som om människor agerar på egen hand snarare än på grund av extern provokation. Ändå finns det en viss kraft involverad i manipulation - till exempel tv-stationer tvingar dig att titta på deras program och reklam för att uppmuntra dig att köpa produkter eller tjänster från sponsorer.

Men i det här fallet kan tvång lätt undvikas:

Byt bara kanal. Men programmering och reklam är utformade så att du inte vill.

Andra former av manipulation kan vara mycket mer direkta. Politiska partier och kandidater främjar ofta sig själva med uppmaningar som "rösta på den bästa kandidaten" och "rösta på si och så om du värdesätter deras framtid". Sådana uppenbara försök till övertalning ses ofta i politiska kampanjannonser.

Det är därför den första delen av denna bok fokuserar på att förstå och känna igen vanliga former av manipulation. Jag syftar inte på någon sorts hemlig kabal som försöker kontrollera mänskliga sinnen över hela planeten; snarare kan utbildade individer försöka påverka dina åsikter för att få dig bakom deras agenda.

När du väl förstår deras tekniker kan du inte bara skydda dig själv och dina nära och kära från påverkan utifrån, utan du kanske kan marknadsföra din agenda framgångsrikt. Även om jag inte uppmuntrar någon att gå ut och påverka människor de kommer i kontakt med direkt genom att använda dessa tekniker; använd hellre dessa taktiker när det är nödvändigt för att ge dig själv den fördel du behöver i livet.

Koppla av; vi är på väg att ge oss ut på ett extraordinärt äventyr. Så bara luta dig tillbaka och ta resan.

Även om många individer använder mörk psykologisk taktik med illvillig avsikt, kan du också använda dem utan att skada någon annan. Några av dessa tekniker lades antingen omedvetet eller avsiktligt till vår verktygslåda på grund av olika omständigheter som inkluderar:

Som barn skulle du observera beteendet hos vuxna omkring dig och hur de interagerade.

* Som tonåring skärptes ditt sinne och din förmåga att förstå beteenden runt dig avsevärt.

* Du kunde observera andra använda och framgångsrikt implementera specifika taktiker.

* Till en början kan det ha varit oavsiktligt att använda vissa taktiker. Men när de väl har visat sitt värde för att få det du önskade, kan de bli avsiktliga verktyg för din handel.

* Politiker, offentliga talare eller säljare lär sig ofta tekniker som dessa för att uppnå sina önskade mål.

Mörk psykologisk taktik som kan användas på en regelbunden basis

* Love Flooding: Love Flooding innebär att man använder smicker för att övertala andra att följa din begäran. Till exempel, om du vill att någon annan ska hjälpa till att flytta in föremål i ditt hem, kan användningen av kärleksöversvämningar öka deras sannolikhet att göra det och göra ditt jobb enklare. En mörk manipulator kan använda kärleksöversvämning på detta sätt för att få inflytande mot sitt mål.
Få dem att känna sig nära och locka dem sedan att göra saker som de annars skulle avstå från att göra.

* Att ljuga: Att ljuga är att förse någon annan med falsk eller utsmyckad information för att åstadkomma det du vill ha gjort, som att säga en delvis sanning eller överdrifter i syfte att få det de ville göra gjort.

* Kärleksförnekelse: Kärleksförnekelse kan vara förödande för dess offer eftersom det får dem att känna sig övergivna av manipulatören. I grund och botten innebär

detta att undanhålla tillgivenhet och kärlek tills du har uppnått vad du önskat med
dem.

* Tillbakadragande: När denna taktik tillämpas på någon, kan de få den tysta
behandlingen eller undvikas tills deras behov har uppfyllts av andra.

* Begränsa val: Manipulatorer kan ge sitt offer vissa val för att distrahera dem från att
göra sådana de inte godkänner.

* Semantisk manipulation: Denna taktik använder ord som har allmänt accepterade
definitioner mellan parterna i konversationen; Informera sedan offret om att de
menade något annat när de använde ordet i samtalet. Att ändra definitionen förskjuter
ofta dialogen på ett sätt som manipulatorn avser trots att han lurar någon att ge efter
för hans eller hennes vilja.

* Omvänd psykologi: När någon blir tillsagd att agera på ett sätt, med förväntningen
att de faktiskt kommer att reagera annorlunda, bara för att det hela ska bli annorlunda
än vad manipulatorn hade tänkt sig. I huvudsak fungerar omvänd psykologi precis
som dess namn antyder: att få människor att bete sig på ett sätt som manipulatorn vill.

Vem kommer att använda Shadow Tactics medvetet?

Det kan finnas många människor där ute som använder utpressning mot dig och kan
dyka upp i olika aspekter av ditt liv, vilket gör deras närvaro extremt farlig.
Att lära sig hur man undviker mörk psykologi taktik är absolut nödvändigt, och några
exempel på individer som använder sådana strategier inkluderar:

*Narcissister: Dessa individer har ofta uppblåsta åsikter om sig själva och har ett
behov av att övertyga andra om denna verklighet. För att tillfredsställa sin önskan att
bli tillbedd och vördad av alla de möter, tar dessa narcissister till övertalning och
mörka psykologiska tekniker för att nå detta slutmål.

* Sociopater: Sociopater har charm, intelligens och övertygelse - men bara för att få
vad de vill ha. Eftersom de saknar känslor eller ånger för vad de gör, är det inte ett
problem för dem att använda mörka psykologiska tekniker - inklusive ytliga relationer
- för att uppnå det de önskar.

* Politiker: Genom att använda mörk psykologi kunde politiker övertyga väljarna att
rösta på dem genom att övertyga dem om överlägsenheten i deras synvinkel.

* Säljare: Inte alla säljare använder underhandstaktik mot dig, men de som fokuserar
på att nå sina försäljningssiffror kan använda övertalningstekniker för att manipulera
andra och få resultat snabbare.

* Ledare: Mörkpsykologiska tekniker har länge använts av ledare för att påverka
gruppmedlemmar, underordnade och medborgare att göra vad de önskar.

* Själviska människor: Själviska individer inkluderar alla som sätter sina egna behov
före andras. Dessa människor är vanligtvis inte besvärade av vem som gynnas i någon
situation så länge det i första hand gynnar dem själva - om det betyder att andra får
mindre, är det bra - men varje gång en part förlorar kommer det troligen att vara dem
och inte den andra.
Denna lista har två funktioner. För det första kommer det att bidra till att göra dig mer
medveten om de som försöker manipulera dig till att göra saker som du inte vill göra;
för det andra kan det hjälpa till med självförverkligande. Ett huvudmål med den här
boken är att du ska känna igen dem som söker något från dig utan att överväga några
negativa följder; på så sätt kan du skydda dig mot mörk psykologi.

Vem styr våra liv Det är intressant att observera den långa historien av manipulation
inom samhället. Genom att veta mer om övertalning kan du bli bättre rustad att
hantera det.

Detta kapitel kommer att ge oss en kort glimt av manipulation när det gäller livet och
handeln. Genom att förstå var manipulation kan förekomma och vem som försöker
manipulera dig, kommer vi att få en uppfattning om dess förekomst i våra dagliga liv
och identifiera de som försöker manipulera oss. Alla som manipulerar är inte
nödvändigtvis illvilliga - ibland kan människor agera tvärtemot vem de verkligen är
eller till och med utan att själva inse det! Kommersiella företag använder
övertalningstekniker för att uppmuntra kunder att köpa deras produkter och tjänster -
att känna igen sådan taktik kommer att hjälpa oss att hantera sådan taktik med bättre
framgång!

Som individer vill vi tro att vi gör ansvarsfulla val i livet. Tyvärr inte alltid med full
kontroll - speciellt som barn påverkade av sina föräldrar utan direkt inflytande över
vår uppväxt. När vi väl kommer in i utbildningssystemet blir vi ännu mer
manipulerade. Lärare ger undervisning om sociala normer och förväntningar på oss i
samhället; senare som vuxna kan vi till och med bli mottagliga för manipulation från
politiker som hoppas få röster för sina ändamål. Många övertalas att rösta på vissa
partier utifrån vad de lovar för framtiden, även om de inte stödjer all sin politik. Detta
ger politiker makt över våra liv - är vi verkligen ansvarig eller bara övertalas?

Senare i den här boken kommer vi att undersöka olika manipulativa taktiker, både dold och öppen. Först och främst måste du känna igen när du blir manipulerad så att du kan motverka det; experter har gett sina perspektiv på denna typ av beteende bland oss.

Att känna igen konsten att manipulera

Var ska vi vara försiktiga i vårt dagliga liv?

Övertygande språk Dess bilder berättar tusen historier; ord har ett ännu starkare inflytande på att inspirera oss, ibland till manipulation. Har du någonsin blivit inspirerad av en talare vars dramatiska tal motiverar dig till handling? Och ord påverkar oss även när vi förlorar oss helt i en stor bok; Ord har kraft som tvingar oss att tro något även när våra sinnen säger något annat! Kommunikation kan användas effektivt som en kraftfull kraft när man övertygar människor att göra saker som de annars kanske inte kanske.

* Annonsörer och säljare använder språk för att övertyga oss om att deras varor är precis vad vi behöver - som att använda ord som:

Prisvärd; Bekväm; Trevlig; Tidsbesparande och garanterat att tillfredsställa.

Observera hur alla dessa ord får oss att tro att de har förtroende för sin produkt eller tjänst.

Politiker använder ofta språk som:

"Vi" - för att bjuda in dig i deras värld.

Få dig att känna dig som en del av vårt team

Dessa kommunikationsstrategier syftar till att få oss att känna oss inkluderade och därmed viktiga.

Mobbare använder både ord och aggressivt beteende för att uppnå sina egna personliga agenda.

Kriminella rovdjur som psykopater, sociopater och narcissister använder övertygande språk som en väg för kontroll över en annan individ. Det finns sex teorier om psykologisk manipulation; 1 kognitiv bias-teori undersöktes här som en potentiell form.

Det finns olika psykologiska processer och teorier om övertalning som har blivit allmänt erkända, en är Anthony Greenwalds Cognitive Response Model från 1968 som fortfarande bevisar sitt värde idag när det gäller att bestämma övertalningsfaktorer samt används flitigt inom reklam.

Greenwald menar att det som avgör framgången med övertalning inte ligger i ord utan mer på känslor; känslor kommer att spela en större roll än ord för hur lätt vi blir övertalade.

Inre tankar kommer att innehålla både positiva och negativa aspekter, beroende på en individs personlighet. Detta är ingen inlärningsprocess utan mer om huruvida någon redan ser ett budskap med gynnsamma eller ogynnsamma kognitioner (kognitioner).

Övertalare måste förlita sig på sin expertis för att ta itu med motargument på ett effektivt sätt och förhindra att deras mål har tillräckligt med tid att utveckla något av dem. Dessutom bör övertalaren uppmuntra positiva argument att komma fram mer lätt för att öka dess framgångsfrekvens - detta ökar "övertalningseffekten".

Övertalning blir mer utmanande om målet har fått förvarning om vad du tänker säga; detta tillåter dem att utveckla motargument om ditt "budskap" går emot vad de tror för närvarande. Forskning utförd av Richard E. Petty 1977 bevisade denna punkt: den visade att elever som fick besked om en händelse var mindre benägna att bli övertygade än de utan förvarning.
2 Ömsesidighet
En väl undersökt teori för att förklara vår mottaglighet för övertalning ligger inom regeln om ömsesidighet, baserad på sociala konventioner. Om någon gör dig en tjänst eller gör något bra för dig, är det mer sannolikt att du känner dig tvungen att återgälda tjänsten på någon form eller sätt.

Undermedvetet kan ömsesidighet också spela in. Utan att inse det kan du gå med på att utföra eller gynnar som någon begärt av dig eftersom de en gång gjorde något för dig och känner dig skyldig; även om deras begäran normalt skulle få dig att säga nej.

Företag förlitar sig ofta på denna taktik när de försöker öka försäljningen. Genom att erbjuda gratisprover eller tidsbegränsade provperioder hoppas företag att kunderna känner sig tvungna att ge tillbaka tjänsten och köpa eller förnya ett avtal.

Ömsesidighet är en väletablerad psykologisk process. Det är ett adaptivt beteende som skulle ha ökat våra chanser att överleva tidigare; genom att hjälpa andra ökar du chansen att de en dag kommer att hjälpa dig. Men ömsesidighet kan också ha sina baksidor: när någon gör oss fel kan vår instinkt att utkräva hämnd också driva oss.

Akademisk forskning stödjer regeln om ömsesidighet starkt. Burger et al (2009) genomförde forskning som visade hur deltagare är mer benägna att gå med på förfrågningar när förfrågan har gjort dem en tjänst tidigare.

Informationsmanipulationsmetoder 3

Bedrägeri är ett av de primära verktygen i alla manipulatorers verktygslåda. Det innebär att ge ofullständig eller vilseledande information till sitt offer, för att obalansera deras sätt att tänka och göra dem sårbara. I manipulation ingår också att använda avsiktligt kroppsspråk som övertalare och manipulator.
McCornacks teori räknar upp fyra maximer som definierar sanningsenliga påståenden; varje avvikelse från dessa kommer att göra meddelandet avsiktligt vilseledande. Dessa maximer inkluderar:

Kvantitet
Kvantitet avser "mängden" information som presenteras. De flesta av oss strävar efter att presentera precis tillräckligt med data så att mottagaren helt förstår vårt budskap utan att för mycket eller för lite tillhandahålls; för lite kan orsaka förvirring; för mycket kan överväldigas. En manipulator skulle dock leka med den kvantiteten genom att utelämna vissa bitar som de anser vara irrelevanta om det sannolikt motverkar deras argument och denna praxis är känd som "ljuga genom att utelämna".

Kvalitet avser riktigheten av den information som ges. Att uppnå sann kommunikation anses vara hög kvalitet; annars skulle mottagare få höra avsiktliga missanningar - eller rena lögner - avsedda att få manipulatörens makt.

Relation
Har diskuterar vi informationens "relevans" för meddelandet. För att kringgå en besvärlig fråga eller dölja sina egna svagheter, ändrar manipulatorer ofta ämnet med vilseledande ämnen för att avleda eller missrikta uppmärksamheten från det som verkligen behöver diskuteras; eller överbetona något som ger dem större makt över lyssnarna.

Sätt Sätt att kommunicera ett meddelande. En integrerad komponent är kroppsspråk: vi läser böjningar och ansiktsuttryck när vi lyssnar, vilket kan överdrivas för att vilseleda presentationen av deras budskap, med målet att betona deras agenda.
Att ljuga för att manipulera eller övertyga någon är inget nytt; dess makt har dock bara blivit mer kraftfull i dagens globaliserade miljö. Kommunikationsplattformar för sociala medier involverar inte alltid direkt kontakt ansikte mot ansikte mellan två

individer, vilket gör det lättare för manipulatörer att förvränga information eller fabricera falskheter i sådana former av korrespondens.

All manipulation är inte nödvändigtvis negativ; ibland behöver vi hjälp att fatta bra beslut för oss själva och det är här Nudge Theory kommer väl till pass; dess positiva förstärkningssystem är beroende av små knuffar för förändring.

Skinners studier, eller behaviorism, illustrerar hur användbar denna teori kan vara. Genom att erbjuda belöningar som positiv förstärkning kan behaviorism locka individer att agera i enlighet med vad du vill att de ska göra.

Nudging kan ses i det här exemplet på hur kunderna fick en extra push mot att köpa den näst högsta prissatta varan - allt till förmån för restaurangägaren! Kunderna fick detta extra lyft.

Nudge Theory kan vara en extremt effektiv ekonomisk strategi. Men dess tillämpning sträcker sig långt bortom ekonomi för att uppmuntra beteendeförändringar och forma personliga val - även accepterade sociala normer kan ändras genom denna teknik.

Nudging var en så effektiv strategi att den brittiska regeringen inrättade ett Department Behavioral Insights Team 2010 för att hjälpa till att utveckla policyer, som var allmänt känt som Nudge Unit.

Även om det kan ha vissa uppenbara fördelar att använda "nudgar", kan psykologisk manipulation kränka en individs medborgerliga friheter.

5 Sociala manipulationsstrategier
Psykologisk manipulation är en form av manipulation som ofta används av politiker eller mäktiga personer för att främja sina egna intressen. I värsta fall fungerar psykologisk manipulation som en form av social kontroll - tar bort individualitet samtidigt som den tvingar befolkningen att acceptera det som ges dem - även om dess positiva tillämpningar inkluderar att förbättra hälsa och välbefinnande till exempel.

Den som har makten och som använder social manipulation kan använda distraktiva tekniker för att sidospåra viktiga frågor. De skulle hävda att deras förslag är utformade för att gynna inte bara dem själva, utan din familj som helhet och dess framtid; alla skillnader från dem skulle ses som felaktiga och själviska - denna typ av övertalning behandlar individer nästan som barn; dess mål är att få alla att tro att allt fel är helt och hållet deras ansvar, medan den enda lösningen ligger i att lyssna på vägledning från experter som vet bättre.

En sådan politisk strategi skulle innebära att man uppmärksammar ett socialt problem samtidigt som man döljer andra. Denna taktik syftar till att orsaka social oro och panik bland befolkningen; genom att skapa oro i samhället kommer människor att börja kräva förändringar för förbättring. Så, i ett försök att dölja sina problem med hälso- och sjukvården, skulle en avdelning kunna minska sin budget för brottsförebyggande, vilket får brottsstatistiken att skjuta i höjden och mata information som utformats för att övertyga medborgarna om att de bäst vet hur man löser brottsproblem. Politiker matar propaganda genom att sprida sina egna sanningar och fakta - dessa kanske eller kanske inte alltid är korrekta; ibland kan till och med överdriven information som statistik missbrukas för att uppnå önskade effekter. Social manipulation tar år innan dess önskade resultat kan förverkligas.

Psykologisk manipulation är en del av socialt inflytande, vilket gör oss alla till sociala dockor i någon mån. De flesta av oss använder psykologisk manipulation utan att ens inse det!

Som samhället förväntar sig är det vårt ansvar att följa och följa dess normer för att undvika oenighet i samhället.
Fundera ett ögonblick på vilken gadget eller hemförbättringsprodukt du helst skulle vilja köpa: är det något som rekommenderas av en vän, granne eller presenterat på nätet som gör att du blir mer sugen på det? Social manipulation fungerar också på detta sätt: vi kan lätt övertalas av andra när vår vakt är nere; om det ses som bra eller dåligt beror helt på individuellt perspektiv.

Som tidigare diskuterats är inte all social manipulation dålig; i själva verket kan det till och med ha positiva resultat. Även om termen "manipulation" kan framkalla bilder av skrupelfria människor som böjer människor efter deras vilja, kan den, när den används på rätt sätt, hjälpa samhället som helhet. Ett bra exempel på social manipulation skulle vara hälsospecialister som uppmuntrar oss att äta mer frukt och grönsaker ("5 om dagen-kampanjerna") eller sluta röka kampanjer som har resulterat i minskat antal rökare samt lägre förekomst av rökrelaterade sjukdomar; sådan taktik utgör effektiva former av tvång när den är som bäst!

6 Gasbelysning
Gaslighting kan vara den grymmaste formen av manipulation. Det är ett försök att tvivla på en persons förnuft och självkänsla genom att plantera frön av tvivel i dem - ofta med upprepade lögner som lockbete tills du till slut kommer att tro på dem som sanningar.

Gaslighting är en omänsklig form av manipulation där en person får en annan person att tvivla på sig själv och förlora allt förtroende för sig själv, vilket leder till fullständigt psykologiskt sammanbrott och underkuvande av en motståndares närvaro. Gaslighters undergräver ständigt sina mål genom att motsäga dem eller antyda att de alltid gör fel, ibland till den grad att de anklagar dem för att själva berätta lögner - en åtgärd som syftar till att minska självvärdet innan de blir helt underordnad dominerande kontroll från utomstående som tar över genom att bli förtryckarna själva. När det inträffar blir de föremål för sin förtryckares dominerande närvaro - som blir underordnade innan de slutligen dukar under under dominerande inflytande från utomstående källor. Gaslighters söker makt över dem i gengäld och blir till slut offer under deras dominerande herre.

Influencermanipulation är en form av psykisk misshandel som ofta ses i missbrukande personliga relationer. En influencer kommer att använda olika tekniker för att få sitt offer att tvivla på sig själva - till och med att ifrågasätta deras minnen genom att förneka tidigare händelser som hänt mellan dem och dem själva.

Gaslighting tar tid och ansträngning för att bli fullt effektiv. En manipulator kommer att slita ner sitt offer under en längre period, vilket leder till att de i sin tur tvivlar på sitt eget förnuft.

Dr. George Simon PhD är en klinisk psykolog från Texas University. I hans studier av människor med plågsamma personligheter, särskilt psykopater, ledde hans upptäckter honom att dra slutsatsen att vissa typer av personlighet var mycket skickliga på manipulation; Med hjälp av lögner och aggressivt språk lyckades de sätta tvivel i offrets sinnen tills deras mål till slut tappade tron på sig själva och trodde på vad manipulatorn sa och så småningom föll under kontroll över honom eller henne.

Psykologiska hemligheter
De flesta psykologiska tekniker tjänar både mörka och vita psykologiska tillämpningar; deras användbarhet beror på avsikten hos dem som anställer dem.

I det här kapitlet kommer vi att titta på olika psykologiska tekniker som används i olagliga syften.
Dark Persuasion
Övertalning är den överlägset mest använda psykologiska tekniken, ofta använd inom vit psykologi; nästan alla av oss har använt övertalning som en del av den disciplinen någon gång; dock har bara få använt övertalning som en effektiv form av mörk psykologimanipulation.

Innan vi går djupare in i Dark persuasion, låt oss först överväga dess kärnkomponenter.

Vad är övertalning? mes Persuasion är den psykologiska praktiken att använda övertygande argument på ett sådant sätt att motivera, påverka eller förändra en individs attityder eller beteende för att uppnå önskade resultat.

Övertalningstips Här är flera viktiga övertalningsstrategier du måste behärska för att bli framgångsrik:

Forskning för att få expertråd

Var en tankeledare - att styra andra i deras tänkande och föregå med gott exempel.

Var självsäker, använd deklarativa uttalanden och självsäkerhet:

Minska sarkasm så mycket som möjligt.

Låt rimligt och övervaka reaktioner som svar på subtila svar; lyssna aktivt och föreslå istället för att kräva; aktivt observera; vara känslomässigt intelligent

Övertalningstaktik
Här är flera grundläggande men viktiga övertalningstaktiker:

Använd namnet på den person du samarbetar med.

Anslut personligen och skapa en relation.

Utveckla relationer och öppna dörrar för ömsesidighet

Använd motiverande ord Var flexibel och anpassningsbar - anpassa för att passa varje mål individuellt (ingen generell strategi). Använd NLP:s speglings- och matchningsteknik.

Använd Bandwagon-effekten till din fördel

Skapa viss osäkerhet bland dem du övertalar genom att skapa en känsla av brist för deras uppmärksamhet.

Skapa spänning genom medvetna luckor (informationsluckor).

Tillämpa "foten i dörren"-strategin - gör en liten förfrågan som öppnar upp för fler dörrar för senare större förfrågningar.

Att understryka värdet av ditt förslag för dem du försöker övertala är nyckeln när du försöker övertyga dem om dess värdighet, eftersom varje person undermedvetet frågar sig själv, "vad är det för mig?"

mig The Bandwagon Effect
Bandwagon-effekten kan beskrivas som den kollektiva inverkan som grupper av människor kan ha på enskilda medlemmar inom den skaran eller gruppen av människor.

Nedan följer några nyckelegenskaper för bandwagon-effekten:

Flockmentalitet - människor tenderar att anpassa sig när de övertygas om att att följa andra kommer att leda till framgång Socialt bevis - människor tenderar att följa vad som verkar vara den mest populära orsaken

Att förneka negativa sociala bevis (som nedskräpning, skogsavverkning, dåligt sexuellt beteende, hetsätning och rökning) kan faktiskt främja det. Att till exempel kritisera en ökning av frånvaron från 15 % till 20 % bör också stärka positiva sociala bevis genom att notera majoriteten av anställda (80 %+) som inte har missat arbete och diskutera de få bortskämda äpplen som förblir frånvarande som försumbara jämfört med vad som bör betonas och minskas ytterligare.

Bedrägeri

Bedrägeri kan definieras som varje handling som syftar till att dölja, förvränga eller föra fram något som är falskt för att mörklägga, misskreditera eller främja en åsikt i syfte att övertyga en annan individ att agera i enlighet med fördefinierade mål eller förväntningar.

Bedrägeri innebär att manipulera utseendet för att förmedla en felaktig representation av verkligheten.

Bedrägeriets väsen ligger i att dölja. Vanliga bedrägeritekniker inkluderar:

Propaganda involverar spridning av falsk information som sanning eller fakta, medan kamouflage döljer sakers sanna natur; ett exempel kan vara att använda välgörenhetsarbete som täckmantel för att infiltrera ett område.

Pretension syftar på att ta på sig ett alter ego; till exempel att låtsas vara oskyldig när man är skyldig, agera sjuk när du känner dig helt frisk, låtsas sorg när du faktiskt firar något viktigt, etc.

Mystifiering - Skapa en aura av det övernaturliga genom att undanhålla information eller agera på ett sätt som verkar övernaturligt, vilket gör dig själv attraktiv för dem som är benägna att tro.

Paltering: Trollkarlare, magiker och skådespelare använder ofta denna taktik för att dra människors uppmärksamhet bort från sig själva och mot dig och avleda den till din fördel för att uppnå personliga mål. Denna taktik fungerar också bra när man försöker uppnå resultat genom offentliga framträdanden som konserter.

Typer av bedrägeri
Bedrägeri tar två primära former.

Lögner på uppdrag (dissimulation) - är aktiva former av bedrägeri. En person som ägnar sig åt att ljuga genom kommission lurar eller ljuger direkt genom att medvetet ändra materiella fakta till deras fördel.

Simulering eller utelämnande (lögn genom utelämnande) - Simuleringslögner är indirekta former av bedrägeri där någon som ägnar sig åt bedrägeri inte direkt ändrar materiella fakta; snarare döljer de de som skulle ha förändrat beslutsfattandet för de som blir lurade.

Dupery

Dupery, som alla bedrägerier, går längre för att vinna från offer för personlig vinning. Dupery innebär att man sätter ut fällor eller beten som fångar offer innan man utnyttjar dem för personlig eller skänd vinning.

Indoktrinering
Indoktrinering hänvisar till processen att inskärpa någon med övertygelser utan att ge dem en möjlighet till oberoende kritisk undersökning.

Strategier som används för indoktrinering:

Rote-träning - denna praxis att inpränta information i människors minnen genom upprepade handlingar som att upprepa mantran under böner eller räkna malapärlor under bön kallas rote-träning.

Människor som är utbildade att göra bekräftelser instrueras att säga ord som bekräftar vissa påståenden, vilket skapar intrycket av att dessa påståenden är sanna.

Hindrande av sanning och fakta - den här taktiken försöker förhindra de som indoktrineras från att komma åt källor till sanning eller fakta, såsom böcker som anses "sataniska". Rädslapsykologiska tekniker kan också användas som att varna dem för att de kommer att uppleva mardrömmar eller få besök av vampyrandar om de läser sådana böcker.

Bekännelse - Var och en av oss har ett förflutet fullt av synd. Det kan finnas saker vi gjorde som gör oss ångra; en indoktrineringstaktik innebär att tvinga människor att erkänna. När folk väl bekänner, minskar deras moraliska auktoritet inför indoktrinatorer, vilket leder dem in på en väg av underkastelse mot indoktrinering.

Isolering - huvudmålet med isolering är att ta bort någon från influenser som gör indoktrinering omöjlig eller svårare, helt och hållet avskära dem från familjen, samhället eller normala relationer. Således kan offer bli avskurna från familjen, samhället och normala relationer, vilket leder till att de tror på allt som sägs av deras indoktrinatorer utan att få en annan åsikt om dessa påståenden från betrodda tredje parter. Isolering fungerar också som en form av hinder när sanning och fakta inte kan bedömas objektivt ur betrodda tredje parts perspektiv.

Skyldpåläggande - Skyldpåläggande liknar påtvingad bekännelse; dock innebär skuldpåläggande att ingjuta en känsla av skuld i offrets sinne av indoktrinatorer som hittar sätt att upptäcka något fel och sedan använder den handlingen mot dem för att tillfoga dem skuld. Precis som påtvingad bekännelse är den här taktikens primära mål att utmäta skuld.

Bekännelse kan tjäna till att undergräva ett offers moraliska ställning och pressa dem till psykologisk underkastelse.

Fobipåläggning - Psykologisk rädsla kan ingjutas genom indoktrinatorers indoktrineringstekniker; offren får allt svårare att fungera utanför sitt inflytandeområde. Exempel på fobiinducering Försäkringsbolag använder rädsla-framkallande taktik på potentiella kunder genom att överdriva potentiella risker som kan uppstå om den potentiella kunden väljer att inte försäkra sina nära och kära, medan regeringar ofta tillgriper att skapa rädsla för att driva igenom sina nära och kära. dagordningar.

Ritualer har en outplånlig prägel på ens psykologi, vilket förklarar varför så många traditioner, religioner, kulter, politiska organisationer och civila grupper använder ritualer som en del av sina praktiker. Ritualer kan utföras före bön eller begravningsgudstjänster såväl som innan kriget börjar - dessa ceremonier ökar känsligheten för vilka förslag som än kan framföras av indoktrinatorer.

Inducerat beroende - Manipulatorer använder ofta denna taktik i relationer där de vill ta överhanden över sina offer, till exempel imperialistiska eller kolonialistiska enheter som vidmakthåller fattigdom innan de låtsas rädda den från dess öde. De kan erbjuda villkorat stöd eller bidrag som innehåller villkor som är utformade för att öka beroendet och göra offren mer benägna att utnyttjas. Eftersom denna avsiktliga utarmning inte skulle ha lett till så extrem fattigdom eller resulterat i så generöst bistånd och bidrag, framkallar detta ett beroende. Äktenskapspartner låter ofta en osäker partner skapa förutsättningar som gör deras partner beroende; en osäker make kan göra henne mer beroende.
När hans fru förlorar anställningen kan en osäker man lättare kontrollera och manipulera sin arbetslösa make eftersom han fungerar som hennes främsta källa till ekonomiskt oberoende. Bristen på ekonomisk autonomi gör henne sårbar för hennes mans diktat.

Bestraffning - Genom att skapa ett incitamentssystem och erbjuda prov/prov som bestraffning straffas de som klarar sitt indoktrineringsprogram därefter.

Kännetecken för indoktrinering

Föga överraskande genomsyrar indoktrinering de flesta aspekter av våra liv - den äger rum i hemmen (av föräldrar och lärare), skolor (av lärare), det offentliga livet (av politiker och regeringar) etc.

Här är några viktiga egenskaper hos indoktrineringsverktyg:

Rädsla, dogmatism, fundamentalism, kognitiv stängning och upplevd deprivation som källor till indoktrinering

Det kan finnas olika hemliga och öppna källor till indoktrinering; här är några vanliga källor:

Religiösa institutioner, skolor och läroanstalter

Föräldrars guide till media (mainstream, alternativa medier och sociala nätverkssajter).

Politiker

Äktenskapspartners Hjärntvätt Termen "hjärntvätt" hänvisar till processen att avlägsna sin befintliga uppsättning gamla övertygelser från sitt system till förmån för nya som kommer utan att någon frågar eller adopterar frivilligt. Hjärntvätt sker utan samtycke.

Hjärntvätt kan ta många former; ibland är det subtilt och ofrivilligt medan andra gånger är våldsamt. Ett våldsamt exempel var påtvingad konvertering under korståg och jihad. Offer i sådana fall är medvetna om vad som händer, men accepterar det som en effektiv hanteringsmekanism för att undvika större skada som döden.

Våldsam hjärntvätt förekommer vanligtvis inom militanta sekter eller kriminella organisationer där offren befinner sig fångade utan en flyktväg.

Potentiella offer för våldsam hjärntvätt inkluderar:

Fångar (särskilt krigsfångar)

Slavar under fångenskap

Kidnappade offer för slaveri till salu av Captors

Illegala utomjordingar Subtil hjärntvätt sker ofta utan medvetenhet från sitt offer; här ser gärningsmannen upp efter mottagliga offer som lättare kan övertalas. Dessutom befinner sig dessa utsatta offer vanligtvis i svåra omständigheter, vilket ger upphov till psykologiska tomrum som önskar uppfyllas.

Nedan är några potentiella offer för omedveten hjärntvätt:

Lever du med okänd kronisk sjukdom? Om ja, läs detta.

Minderåriga som har lämnat hemmet för att bo ensamma bor vanligtvis långt borta.

Människor som har förlorat sina jobb och lider känslomässigt är i djup förtvivlan.

Att förlora nära och kära genom skilsmässa eller död kan vara förödande smärtsamt.

Vanliga steg i hjärntvätt

Följande är några av stegen som hjärntvättare vanligtvis tar när de försöker hjärntvätta sina offer:

1. Isolering
2. Attack på underkastelse av självkänsla
Testar 5 Love Bombing
Hjärntvättare förstår att familjemedlemmar eller nära kretsmedlemmar snabbt kan identifiera vad som händer med ett offer och på så sätt rädda honom eller henne, så det första steget de tar för att undergräva ett offer är att isolera honom eller henne från de nära dem, såsom familj eller vänner .

Kultiska ledare kan till exempel ingjuta negativa åsikter från nära familj och vänner i offer, skapa splittring mellan sig själva och nära och kära som ett resultat av hjärntvättstaktik som används mot dem av till exempel psykiska vampyrer som dränerar energi och gör människor kroniskt sjuka; offret kan ge efter för en sådan hjärntvättstaktik på grund av sjukdom och desperation - och i slutändan isolera sig från någon som kunde ha räddat dem från hjärntvätt helt och hållet.

Attack mot självkänsla Ett offer som lider av dåligt självförtroende eller lider av låg självkänsla är sårbart för hjärntvätt, och därför försöker en hjärntvättare att uppnå detta tillstånd genom att attackera sin självkänsla.

Hjärntvättare använder olika strategier för att undergräva offrets känsla av självvärde, till exempel:

Verbala och fysiska övergrepp - används ofta i våldsamma hjärntvättstekniker för att avhumanisera sitt offer och undergräva hans/hennes känsla av värdighet.

Sömnbrist - Utan tillräcklig vilsam vila är människor mer sårbara för psykisk press på grund av minskad medvetenhet. Utan full medvetenhet blir instruktionerna för hjärntvätt lättare för en utmattad individ som bara söker lugn och ro så att de snabbt kan somna.

Intimidation-Intimidation är en av många tekniker som hjärntvättare använder för att tvinga någon till underkastelse utan deras vilja, till exempel genom hot om straff eller själva bestraffningen.

Pinsamhet – den här strategin kan användas om ett potentiellt offer har någon motbjudande hemlighet som de hellre förblir gömda, till exempel genom att använda olika metoder för att ta nakenbilder eller framkalla äktenskaplig otrohet hos sådana individer. När en hjärntvättare väl skaffar sig dessa material börjar han/hon subtilt genera offret utan att offentligt avslöja något om detta material utan att använda generaliserade termer som indikerar omoraliskt beteende för sitt måls räkning. Offret förstår vart dessa signaler leder och är därför fast besluten att förhindra sin hjärntvättare från att avslöja detta pinsamma innehåll och ge honom/henne det övertag som behövs för att hjärntvätta sitt offer. Exempel på hjärntvättsscenarier inkluderar att tvinga offer att utföra ritualer som undergräver deras eget värde och självvärde, vilket ytterligare underkastar dem sin hjärntvättare. Med tiden kan offren utveckla Stockholmssyndrom där de istället för att slå tillbaka, börjar stödja sin hjärntvättare istället.
Skydda hjärntvättaren (vilket, undermedvetet, betyder att skydda deras "hemligheter")

Hjärntvättare använder knapphetsskapande såsom ransonering av grundläggande förnödenheter och släpper dem endast efter att en individ utfört under deras order, för att underkuva offer. Hjärntvätt strävar efter att få offer under total kontroll så att de blir helt undergivna.

Nedan följer några taktiker som används för att underkuva:

Extreme Abuse mes Us vs Them
Kärleksbombning Extreme abuseachtig Ett offer utsätts för extrema övergrepp; ofta används känslomässiga och psykologiska övergrepp, med fysisk misshandel endast för våldsamma hjärntvättsändamål och inte subtila hjärntvättstekniker.

Oss vs dem
Ett offer tvingas välja mellan sin hjärntvättare och samhället som helhet. Det finns ingen chans att fly för det här offret.

Hjärntvättade försökspersoner introducerar offer som fortfarande hyser några tankar om "dem", omvärlden. Varje försök från offer att överväga att stanna kvar hos "oss", de hjärntvättade försökspersonerna, kommer att leda till allvarliga övergrepp tills de bestämmer sig för att delta i sin hjärntvätt och överge "dem".

Test, eller bedömning,

Testning sker för att fastställa om offret har gjort sitt val och inte längre vill gå med "dem", samtidigt som han/hon testar hans/hennes lydnadsnivå.

Under hemlig kontroll kan offer släppas in i "dem" (allmänheten) under förutsättning att de kommer tillbaka vid ett visst datum och övervakas i hemlighet för att se om de väljer att komma tillbaka till "oss" (hjärntvättad grupp).

Om offret inte vill återvända, då kidnappas han eller hon och återförs till vår fålla - och så börjar den onda cirkeln igen.

Om offret återvänder villigt går vi vidare till etapp två, känd som kärleksbombning.

De flesta offer tycker att resan tillbaka in i samhället är för utmanande och föredrar därför att återvända hem istället för att bygga upp det förlorade.

Kärleksbombning När tester visar att ett offer framgångsrikt har hjärntvättats, kan kärleksbombningstekniker användas för att få honom eller henne att gå med.

Kärleksbombningar kan innebära beröm, marknadsföring i ordningsföljd av ämnen, mottagna gåvor etc.
Mörk förförelse "Mörk förförelse" syftar på användningen av psykologiska verktyg utformade för att använda mörka manipulationstaktik mot individer för att locka dem till relationer som bara tillfredsställer en parts egenintresse och inte ger påtaglig avkastning för någon av de inblandade sidorna.

En skrupelfri förförare spelar på deras offers önskningar för att tillfredsställa deras egen lustfyllda agenda.

Även om förförelse ofta förknippas med det motsatta könet, kan det också involvera någon av samma kön och även de som identifierar sig som icke-sexuella.

Mörk förförelse involverar inte enbart sexuella handlingar; snarare använder den sexuell stimulans för att uppnå vissa mål.

Sexuell stimulans gör offren mindre logiska och rationella och därför mer öppna för manipulation.

Nedan är några tekniker för mörk förförelse:

Love Bombing innebär att skicka provocerande uttryck och plattityder till andra som gåvor, med eller utan att uttryckligen uppmanas att göra det.

Den mörka förförelsens primära mål är att vädja till en individs primitiva ID och minska anti-kathexis; på så sätt uppmuntra honom eller henne att bryta sig loss från superegot och gå ner till Id där hedonism existerar.

Erotiska handlingar och belöningar kan användas mot offret för att förstärka detta tillstånd av ID och ta bort alla bevis på superego eller anti-kathexis.

Oftare än inte kan indoktrinering och hjärntvätt hjälpa till att demontera ens superego. Hypnotisering används dock som en kraftfull teknik för detta ändamål - att dra någons sinne till ett öppet tillstånd där de kan övertygas av alla förslag du ger dem.

En individ under hypnos liknar någon som går i sömn; deras medvetenhet blir synnerligen fokuserad på att gå utan att ta in signaler från externa källor.

Medan han befinner sig i hypnotiskt tillstånd kan en individ inte medvetet dra referenser från externa källor - bara från förslag. Perifer medvetenhet minskar eller försvinner helt och hållet när deras sinne fastnar i en ogenomtränglig bubbla som är ogenomtränglig för externa signaler som normalt skulle penetrera den.

Hypnotisk induktion
Hypnotisk induktion innebär att ge någon instruktioner och förslag utformade för att framkalla hypnos.

Nyckelfunktioner för hypnos:
Koncentrerad uppmärksamhet fokuserad på ett objekt eller idé Isolering från perifer medvetenhet

Ökad mottaglighet för förslag Den huvudsakliga skillnaden mellan vit och mörk hypnos ligger i hypnotisörens avsikt: mörk hypnos syftar till att utnyttja sitt ämne för egennyttiga vinster snarare än att hjälpa dem att förbättra sig själva genom positiva förslag inifrån hypnosen.

Vit hypnos syftar till att lindra traumatiska eller skadliga medvetandetillstånd genom att hjälpa hypnotika att snabbt och framgångsrikt ta sig ur dem. Hypnosterapi anses ofta vara vit hypnos huvudform, ofta kallad terapeutisk hypnos.

Hypnoterapi
Hypnoterapi är en form av vit hypnotisk induktion som används av läkare i terapeutiska syften. Huvudmålet är att hjälpa till att läka från psykologiska, känslomässiga och till och med fysiska trauman.

Hypnoterapi kan användas som en effektiv metod för smärtlindring genom att hjälpa en patient att ta avstånd från källan till sitt obehag och på så sätt minska känsligheten för den smärtan.

Fakta om hypnos: Hypnos är frivilligt medvetet Barn är mer mottagliga för hypnos ÄN Vuxna

15% av människor är mottagliga för hypnos.

10 procent av individerna kan bara sällan hypnotiseras.

Människor som är benägna att fantisera är mer sårbara för att dras in i mörk hypnotisk induktion. Dessutom kan detta få negativa konsekvenser.

Det har varit många offer för mörk hypnotisk induktion. Vanliga orsaker inkluderar:

Hypnotiserad så djupt att du villigt lämna över ägodelar till en hypnotisör

Blir du hypnotiserad till att öppna dörren medvetet för rånare?

Blir du hypnotiserad och följer kidnapparna villigt till deras håla? Om så är fallet för dig kommer det troligen att leda till kidnappning och övergrepp av något slag att bli hypnotiserad så att du följer dem in i deras håla.

Att förstå manipulation har länge varit en del av livet; det borde inte komma som någon överraskning att övertalning länge har utövats som en färdighet. Att inse vad dess verkliga väsen är är viktigt om du effektivt vill hantera dess påverkan.

I det här kapitlet kommer vi kortfattat att gå igenom manipulationens psykologi för att bättre förstå var den kan finnas i våra liv och vem som kan försöka utnyttja oss. Det kan också hjälpa till att identifiera de som försöker påverka oss utan att vi inser det - till exempel kan en chef uppmuntra sina anställda att agera på ett sätt som strider mot deras normala personlighet och beteende; att lära dig hur handel använder subtila övertalningstekniker kommer att hjälpa dig att bekämpa dess genomträngande kraft.

Vårt samhälle uppmuntrar oss att se oss själva som oberoende individer som kan göra rationella val; Men när det kommer till livsbeslut har vi inte alltid full kontroll. Barn kan ofta vara starkt påverkade av sina föräldrar och saknar kontroll över den process genom vilken de uppfostrades. Väl inne i utbildningssystemet blir vi ännu mer manipulerade. Lärare lär oss allt om sociala normer och förväntningar i samhället; senare som vuxna dras vi in av politiker som söker röster. Många övertalas att rösta på vissa partier genom vad de lovar för framtiden, även om de inte tror på sin politik. Detta ger politiker makt som kan påverka våra liv direkt; har vi verkligen kontroll eller helt enkelt utsatta för manipulation av personer med skickliga övertalningstekniker? Längre fram i den här boken kommer vi att ta upp hur man tar itu med olika manipulativa metoder, både öppna och hemliga. Först och främst måste du lära dig att känna igen när du blir manipulerad så att du kan motverka det; för detta ändamål kommer vi också att undersöka vad experter säger om den här typen av beteende som finns bland oss.
Känner du dig manipulerad?

Vilken typ av saker måste vi vara försiktiga med i vår vardag?

Övertygande språk Även om bilder säger mer än tusen ord, kan ord vara mycket effektivare när de används för att motivera, uppmuntra och övertyga. Tänk bara tillbaka på alla de gånger du inspirerades av en karismatisk talare vars vågade tal inspirerade och motiverade dig till handling; eller när vi tappade helt vilse i en fantastisk bok med ord som berättar en annan historia! Språk kan vara en extremt kraftfull kraft när det används effektivt när man övertygar andra om något; kommunikation är en otrolig tillgång när man försöker ändra människors beteende eller få folk att ändra uppfattning om något.
Psykologiska manipulationsteorier 1 Kognitiv

Psykologiska processer och teorier kring övertalning är välkända; en sådan teori utvecklad av Anthony Greenwald 1968 är Cognitive Response-modellen. Trots att de skapades för över 40 år sedan, förblir dess principer relevanta idag och används flitigt inom reklam och andra former av övertalning.

Greenwald föreslog att: Det som verkligen avgör framgången med övertalning ligger inte i ord utan känslor hos mottagaren, deras interna monolog och huruvida de ser budskapet med positiva eller ogynnsamma tankar (kognitioner). Denna process behöver inte involvera att lära sig nytt material utan bestäms av om någon redan ser det på ett sådant sätt att påverkan är mer eller mindre lätt för dem.

Övertalare måste lita på sin skicklighet som övertalare för att övervinna alla motargument som uppstår mot deras övertalningsansträngningar. De bör förhindra att deras mål har tillräckligt med tid för att skapa egna motargument och bör uppmuntra positiva argument att komma fram, vilket ger "övertalningseffekten" en större chans att lyckas.

Övertalning blir mer utmanande om ett avsett mål har förvarnats om vad de kan förvänta sig, vilket ger dem tid att förbereda sina egna argument mot vad som kan tyckas vara kontraintuitivt för dem. Richard E. Petty genomförde forskning som visade betydelsen av förvarning 1977: elever som fick besked om vissa händelser var mindre benägna att bli övertygade än de utan föregående meddelande.

Ömsesidighet
Rule of Reciprocity ger en annan spännande förklaring till vår mottaglighet för övertalning: den förlitar sig på sociala konventioner – om någon gör dig en tjänst eller ger dig något gott, är det mer sannolikt att du känner dig tvungen att ge tillbaka tjänsten i någon eller annan form.

Omedvetet kan regeln om ömsesidighet inträffa. Utan att ens inse det kan du gå med på att göra en handling eller tjänst för någon eftersom de någon gång har gjort något bra för dig – även om denna begäran normalt skulle falla utanför din kompetens. Att känna sig skyldig kan till och med ha sina fördelar;

Företag som använder säljtekniker använder vanligtvis denna taktik för att öka försäljningen. Företag erbjuder gratisprover eller tidsbegränsade tester i hopp om att kunderna känner sig tvungna att ge tillbaka tjänsten genom att köpa deras produkt eller fortsätta avtalet.

Ömsesidighet är en etablerad psykologisk process och ett adaptivt beteende, vilket ökar våra chanser att överleva genom historien. Att hjälpa andra kan öka din chans att få hjälp i gengäld, men ömsesidighet kan ha oönskade biverkningar; till exempel om någon skadar dig kan ömsesidighet leda till hämndlystna reaktioner mot dem.

Akademisk forskning ger stöd till regeln om ömsesidighet. Burger et al (2009) fann att deltagare var mer benägna att gå med på förfrågningar från någon som hade gjort dem en tjänst tidigare.

Informationshantering Steg 3

Bedrägeri är en av de primära strategierna som används av manipulatorer. Denna strategi innebär att erbjuda begränsad och förvirrande information till offer för att förändra deras tankemönster och göra dem mer mottagliga. Bedrägeri kan också innebära att man använder avsiktligt kroppsspråk för att övertyga och manipulera någon.
McCornack et al. (1992) genomförde en studie som lyfte fram olika sätt på vilka meddelanden kunde förfalskas för att underlätta manipulationsprocesser. McCornacks teori vilar på fyra maximer som styr sanningsenliga uttalanden; varje överträdelse kommer att göra det meddelandet som avsiktligt bedrägeri. De inkluderar:
Kvantitetsinformation "kvantitet" avser hur mycket som ges ut. De flesta av oss strävar efter att ge ut tillräckligt med data så att mottagaren förstår vårt budskap – varken för lite eller för mycket kan orsaka förvirring. Men manipulatorer kan leka med den kvantiteten genom att undanhålla vissa bitar som de känner sig irrelevanta för deras argument eller genom att undanhålla information som de anser kommer att undergräva den - denna praxis är känd som "ljuga genom att utelämna".

Kvalitet avser riktigheten av den information som levereras. Sanningsriktig kommunikation är av hög kvalitet, medan när vi bryter mot denna princip hör mottagaren avsiktliga missanningar som ger manipulatorn makt över andra.

Relevans Här hänvisar vi till "relevansen" av information relaterad till vårt meddelande. För att avleda en besvärlig fråga eller kringgå en obekväm diskussion byter manipulatörer ofta ämne för sin egen fördel - antingen för att dölja svagheter inom sig själva eller för att överbetona något som ger dem mer makt över sin lyssnare.

Leveranssätt En presentation bestäms av hur den "levereras". Kroppsspråket spelar en viktig roll i detta. När vi lyssnar kan böjningar och ansiktsuttryck ge bort var ett budskap kommer ifrån; manipulatorer kan överdriva dessa funktioner för att subtilt vilseleda lyssnare att tro att deras budskap betonar deras agenda istället.

Att medvetet manipulera eller övertala andra genom bedrägeri är inte en ny taktik; dess användning har dock blivit särskilt potent i dagens samhälle. Kommunikation online och sociala medier involverar inte alltid möten ansikte mot ansikte, vilket gör det lättare för manipulatörer att sprida missanningar eller överdriva information. Manipulatorer skulle kunna frodas med hjälp av sådana former av kommunikation.

4 Nudge All manipulation är inte skadlig; ibland behöver vi hjälp att fatta beslut som kommer att gynna oss själva i det långa loppet. För att uppnå detta mål kan Nudge-teorin vara särskilt användbar: utöka positiv förstärkning genom att ge försiktiga knuffar i små doser genom olika "nudgar".

Skinners studier, eller Behaviorism, illustrerar hur användbar denna teori kan vara. Genom att erbjuda positiv förstärkning i form av belöningar för önskat beteende kan denna teori knuffa människor i en önskad riktning.

Ett exempel på "nudging" kan ses här. Även om det kan verka kontraproduktivt att lägga till högt prissatta föremål, ökade resultatet faktiskt försäljningen för det näst högst prissatta föremålet - vilket gav kunderna en push mot att köpa det - allt till förmån för restaurangörerna och deras resultat.

Richard Thaler anses allmänt vara "fadern" till Nudge Theory och belönades med Nobels minnespris i ekonomiska vetenskaper för sitt betydande bidrag till beteendeekonomi. Nudge Theory ger positiv förstärkning eller "nudges".

Nudge-teorin kan vara en extremt effektiv ekonomiteori; dess tillämpning sträcker sig dock långt bortom ekonomi för att uppmuntra beteendeförändringar och påverka personliga val samt förändra accepterade sociala normer på sådana sätt.

Nudging har visat sig vara en sådan framgång att den brittiska regeringen 2010 inrättade en Department Behavioral Insights Team dedikerade till policyutveckling - vanligen kallad Nudge Unit.
"Nudges" kan ha uppenbara fördelar för samhället som helhet, men att använda sådana psykologiska tekniker för att påverka människor kan kränka individuella medborgerliga friheter.

5. Social manipulation
Även kallad psykologisk manipulation, kan social manipulation användas av politiker och andra mäktiga individer för personlig vinning. I sin värsta form fungerar den som en form av social kontroll genom att ta bort individers individuella rättigheter för att

tvinga befolkningen att acceptera det som har fått dem; men social manipulation kan användas positivt när den används för att förbättra personlig hälsa eller välbefinnande.

Sociala manipulatörer använder distraktiva tekniker för att avleda från viktiga frågor. Deras förslag skulle förmodligen gynna alla, inklusive din familj och dess framtid; alla olika åsikter skulle vara felaktiga och själviska - denna typ av övertalning behandlar individer som barn; detta system försöker övertyga publiken om att allt som gick fel var deras ansvar, så lyssna noga när råd från experter kommer till din väg för att hitta en lösning.

En sådan politisk strategi skulle föra fram en social fråga samtidigt som den döljer en annan - för att skapa social oro och panik bland befolkningen och åstadkomma förändringar som de kräver. Ett sådant exempel kan vara när en avdelning vill dölja vårdproblem genom att minska brottsförebyggande budget och därmed driva upp brottsstatistiken exponentiellt; information kommer sedan att återkopplas om brottsproblemlösningar genom att politiker sprider sina sanningar och fakta som kanske inte alltid är korrekta (dvs. missbruk av statistik).
Social manipulation kan ta år innan dess önskade resultat visar sig.

Psykologisk manipulation är en integrerad del av socialt inflytande. Professor Preston Ni i Communication Studies publicerade en artikel i Psychology Today som beskriver denna teknik där en part erkänner en annans svaghet innan han medvetet bestämmer sig för att orsaka en maktobalans för att utnyttja offer för personlig vinning.

Gör detta oss alla till sociala dockor? Delvis. De flesta av oss följer och följer förväntningarna för att undvika anarki i samhället.

Fundera en sekund på vilken produkt eller gadget du helst skulle vilja köpa: har en vän föreslagit den eller ägt en redan? Mer sannolikt är det något som någon annan redan äger eller som du sett annonseras online, vilket gör att du vill ha det ännu mer. Detta är bara en annan form av social manipulation; vi kan lätt övertalas om vi sviker vår vakt; om det är bra eller dåligt är upp till var och en att avgöra.

Social manipulation är inte alltid lika med dåligt. När den används på rätt sätt kan social manipulation faktiskt gynna samhället som helhet. Till exempel är hälsospecialisters ansträngningar att övertyga oss om att konsumera mer frukt och grönsaker genom kampanjer som "5 om dagen-kampanjerna" eller till och med kampanjer mot rökning som har minskat antalet rökare och resulterat i lägre sjukdomsrelaterade risker exempel på framgångsrikt tvång. taktik när den är som bäst.

Gaslighting - den grymmaste formen av manipulation

Principer som att veta att du matas med falsk information leder till att den så småningom accepteras som sanning.

Gaslighting är en oetisk form av manipulation; gaständare får sina offer att tvivla på sig själva och förlora allt förtroende för sig själva, vilket i slutändan leder till att de ifrågasätter sig själva ytterligare. Detta leder till enormt lidande när deras självvärde urholkas. Gaslighting syftar till att destabilisera sitt mål och skapa psykologisk förödelse för dem. Manipulatorer kommer ständigt att lägga ner sina mål genom att motsäga dem eller övertyga dem om att de alltid har fel; ibland leder dem på den här vägen tills de till och med blir anklagade för att hitta på lögner om sig själva. Det är därför offren tappar allt självförtroende; När detta väl inträffar kontrolleras de fullständigt av en dominerande påverkare - det är ett exempel på psykisk misshandel som ofta förekommer i våldsamma personliga relationer - med ständiga försök att få sitt offer att tvivla på sig själva och ifrågasätta allt de minns att de sa eller gjorde i tidigare interaktioner med det. influencer. Så småningom ifrågasätts även minnen själva av dessa tekniker som används mot deras offer genom att få dem att ifrågasätta även vad som redan har sagts och gjorts i tidigare interaktioner med den påverkaren.

Gasbelysning kräver tid innan den blir fullt effektiv; dess förövare kommer gradvis att slita ner sitt offer, tills de så småningom kommer att tvivla på sitt eget förstånd och ifrågasätta om en manipulation ägde rum.

Dr. George Simon PhD är en klinisk psykolog från ett universitet i Texas som har studerat människor med problematiska personligheter. Resultaten av hans studier ledde honom till tron att vissa personligheter, särskilt psykopater, är skickliga på manipulation; förvränga fakta och använda aggressivt språk för att tvivla på sina offer och få dem att tvivla på sig själva och i slutändan tro att manipulatorn har rätt; i slutändan blir sårbara mål under hans eller hennes kontroll.

Gasbelysning är inte heller begränsad till individer; den har också använts av politiska enheter. Maureen Dowd är en sådan författare och krönikör som använder denna taktik.
Hon hävdade att Hillary Clintons administration använde gasbelysningstekniker mot en motståndare - Newt Gingrich från det motsatta politiska partiet lockades ofta till att framstå som hysterisk av dessa tekniker. Journalister och psykologer tror också att Donald Trump använde sådana metoder både under sin presidentkampanj och när han var på posten. Till exempel noterar de hur ofta han säger något innan han senare drar tillbaka det eller förnekar att ens säga det; som de klassar som klassiska gasbelysningstekniker.
Din partner lurar och manipulerar dig

Låt oss undersöka några exempel på manipulation som har dykt upp i personliga relationer, kanske du kan känna igen några av dessa egenskaper inom dig själv?

Manipulatorer tenderar att vara besatta av kontroll; ju mer makt de har, desto djupare går deras tänder i offer.

De kommer att bryta mot andra människors personliga gränser genom handlingar som att snoka och spionera eller vidta djärva öppna handlingar. För att göra det möjligt för dem att göra detta kommer inget personligt som telefoner eller datorer att tillåtas i din ägo; dina lösenord kan till och med bli stulna utan att du vet. Samtidigt värnar de hårt om sina egna gränser om deras personliga utrymme äventyras på något sätt.

Kraftfulla handlingar som att blockera dig från att träffa vissa vänner kan inträffa när någon vägrar att dela det som enbart tillhör dem, som att hindra dig från att besöka din egen umgängeskrets. Till en början kommer de att klargöra sin motvilja mot dessa bekanta medan de i hjärtat ser dem som potentiella hot; svartsjukan tar sin gång och kan till och med bli aggressiv.

Om du fattar beslut utan att först rådfråga dem kommer de inte att bli nöjda. De vill inte att du ska utöva fri vilja, annars kan det leda till att du en dag lämnar dem!

Kontroll kan komma i form av råd; men du har inte mycket val när du accepterar det. De instruerar dig om vad du ska göra och hur du ska agera.
Manipulativa partners tenderar att vilja ha en grundlig kunskap om ditt dagliga schema och varje avvikelse från det kommer sannolikt att få dem att undersöka dig ytterligare. Skulle något dyka upp som överraskar dem kommer de säkert att ifrågasätta och förhöra om det.

Lägg märke till att de ofta kritiserar vad du än säger offentligt och förringar dina åsikter och tankar som ett sätt att hävda sin makt över dig.

Dessa människor är inte bara snabba med att kritisera dig, de går ofta den extra milen: anklagar dig för att ljuga eller ha dåliga minnen; ibland till och med ha magen att kalla dig manipulator!

Att kontrollera manipulatorer kan aldrig vara nöjda; när du tror att du har nått den där målstolpen flyttar de den en gång till - vilket gör dig osäker på exakt var din relation står.

Är du engagerad i ett missbrukande förhållande? Utan tvekan kommer relationer med manipulatorer sannolikt att vara olyckliga. Manipulatorer tenderar att vara oförutsägbara och kan plötsligt bli våldsamma när deras regler överträds.

Att bryta sig ur ett våldsamt förhållande är aldrig lätt, men det finns resurser som kan hjälpa. När det är säkert att göra det, sök online efter lokala organisationer som stödjer offer för missbrukande partners. Radera också din webbhistorik eftersom ingenting kommer att förbli privat för en manipulator. Stressigt i början, men nödvändig hjälp måste sökas omedelbart.
Dina vänner utnyttjar dig för att manipulera dig till att göra sina drag.

Utan tvekan kan det vara utmanande att knyta band i nya miljöer, och ibland kan denna process till och med kännas skrämmande eller fientlig! När detta inträffar känner sig människor ofta som fiskar ur vattnet - dessa känslor av alienation bör aldrig ignoreras! Vi behöver alla vänner i livet, och att lära sig att attrahera dem bör ses som en väsentlig färdighet som alla individer besitter. Människor är sociala djur av naturen och söker sällskap från andra – det finns väldigt få undantag från den regeln!

Välja vänner - Skapa en idealisk profil för vilken typ av vänner du vill ha.

Här är tre breda kategorier av vänner:

Hej och farväl till mina bekanta (vänner).

Människor du möter genom gemensamma miljöer - som jobbet - tenderar att bli dina vänner nästan automatiskt, till exempel genom att säga hej och hej då när de träffas för dagen; en gång utanför detta delade utrymme, men dessa vänner (som kanske bara egentligen är bekanta) förblir sällan involverade utöver dessa interaktioner; även om det är trevligt att känna dem och dra nytta av deras färdigheter närhelst det är nödvändigt, kanske de inte nödvändigtvis räknas bland dina sanna allierade (grekerna tror att du bara kan räkna sanna vänskap på ena sidan - något att tänka på!).

Drinkkompisar, golfpartners och shoppingkamrater - roliga vänner kommer och går i livet. De delar med dig av de saker som gör livet roligt eftersom de själva njuter av det, skrattar ofta och njuter av att spendera tid i varandras sällskap. Även om sådana vänner inte nödvändigtvis engagerar sig i långa samtal om livets mening eller klimatförändringarnas verklighet, blir dessa lösa sociala kopplingar som bildas med tiden ovärderliga följeslagare.
Alla gillar att ha kul, så när möjligheten dyker upp får alla en trevlig upplevelse tillsammans - även om det inte finns lite djup i deras relation med dig.

Själsvänner

Det här är dina vänner för telefonsamtal klockan 03.00 - de du kan räkna med att vara redo och villig att prata om du stör deras sömn klockan 03.00! Med dessa människor vid din sida på en roadtrip kommer ni inte att döda varandra innan ni når Route 66!

Långa, meningsfulla samtal, delade hemligheter och ömsesidigt stöd definierar dessa vänskaper. Människor som stannar vid din sida, i tjockt och tunt, är sanna själsfränder; dessa individer förstår dig intimt medan du återgäldar deras vänlighet in natura. Vissa vänner kan vara där från födseln till döden, medan andra träffar man på vägen. Det som skiljer dessa vänskaper från de som bleknar med tiden eller genomsnittliga följeslagare är deras djupa relation. Själsvänner är svåra att få tag på och när vi träffas igen kan det kännas som om ingen tid har gått alls. Ni fortsätter där ni slutade för att ni känner varandra så väl; som om ödet hade förutbestämt att dessa skulle vara dina vänner. Själsfränder speglar våra identiteter och vad som är viktigt i våra liv; dessutom finns de där när du behöver någon eftersom de vet exakt vilka vi är.

Att bilda riktiga vänskaper tar tid.

Sanna vänskap uppstår inte över en natt. Med tiden bildas varaktiga och intima vänskaper genom genuin kemi mellan de inblandade. Liksom romantiska relationer, är sanna vänskap beroende av samma grundläggande kemiska utbyte som talar direkt till båda parter - som en inre sång som talar direkt till båda. Du vet när det är verkligt eftersom dessa band inte bildar sig själva – snarare existerar de redan existerande verkligheter som du känner igen och agerar utifrån. När riktiga själsvänner kommer in i ditt liv för första gången, kommer deras inverkan att vara obestridlig: du kommer att veta omedelbart att någon som du kontaktar direkt är avsedd för dem (tillsammans med att vara)!
Soul Friends kan spela en ovärderlig roll i ditt liv fram till dess slut, oavsett om det är fysiskt eller andligt. Vi vet att de är där och vet att vi kan ta telefonen och ringa när som helst för att hitta dem redo att chatta; dessa vänner gör verkligen livet värt att leva! Det är det som gör dem speciella och otroligt viktiga.

Även om det är lätt att känna igen våra själsvänner vid första ögonkastet, kan världen ofta göra detta svårt. Men när de väl har bildats förblir själsvänner ihärdiga trots vår kulturs misstro: de kommer inte att ge upp att leta efter dig och de kommer inte att sluta försöka; med tiden kommer bandet mellan er att bli oförstörbart och du kommer att ha gjort en allierad för livet.

Så här kan du bli skicklig på att göra nya bekantskaper:

Har du övertänkt

Har du någonsin känt dig obekväm att träffa någon, bara för att snabbt känna dig bekväm i deras närvaro efter bara två minuters möte? Kom ihåg att mötet med en ny person inte ger någon aning om deras karaktär eller beteende; skulle det därför vara meningslöst för dig att överanalysera allt?

Och återigen, att anta att träffa nya människor kommer att vara skrämmande tjänar bara till att göra dig rädd i stunden och kan förvandla att träffa någon ny till något du ogillar eller ogillar helt och hållet. Oftast när vi känner oss blyga mot människor är det på grund av rädsla som hindrar oss från att skapa meningsfulla relationer som varar livet ut - dåliga erfarenheter med andra människor hindrar denna tillväxtprocess avsevärt; därför är det avgörande att vi tar bort oss från denna illusion av läskiga möten så snart som möjligt! För att motverka denna tendens och säkerställa att vi bildar meningsfulla band bör vi överge alla antaganden om att träffa människor kommer att göra oss rädda, försiktiga eller ogillar det helt och hållet - missbruka dig själv av denna uppfattning så att du är frigjord redo att bilda meningsfulla långvariga band som bör bestå livslångt. Därför skulle det vara bäst om vi förskjuter oss själva från denna illusion att mötet med någon kommer att göra oss försiktiga eller avskyvärda möten kommer att inträffa; vanligtvis leder oss längs denna väg att känna oss obekväma eller blyga mot någon (eller något möte som händer). Livet för oss in i individuella silos av isolering som gör oss misstänksamma, vilket gör livet tufft och försöker skapa varaktiga kontakter kan ta årtionden! Lösningen häri ligger i att göra dig avskräckt från den här myten om att mötet med någon kommer att göra mötet med någon eller någon ny - försök istället göra dig av med den här föreställningen att att träffa någon kommer att innebära att du är rädd för dem direkt från att möta tanken att träffa någon ny betyder att göra vad som helst. ...
Att träffa främlingar kan vara skrämmande, så sluta tänka för mycket på hur du ska närma dig den första konversationen; hur man bygger meningsfulla kontakter som kan berika ditt liv. Att övertänka dessa viktiga relationer kan resultera i att vi förblir ensamma och isolerade människor som aldrig riktigt ansluter på ett autentiskt eller varaktigt sätt med varandra som människor är menade att göra.

Vem vet om den andra parten är nervös över att träffa dig? I dessa osäkra tider känner de flesta av oss inte lita på varandra och undrar om någon vi möter har genuina motiv och avsikter när vi möter dem. Troligtvis gör de det; förtroendet har förlorats mellan individer.

Slappna av och skapa i ditt sinne en positiv bild av det första mötet; en som skildrar hälsa. Tyvärr kan många döma dig orättvist vid första anblicken. Alla bär på kulturella antaganden om de som är värda att veta. Det gör du förmodligen också. Nyckeln till att öppna dig själv för andra och tillåta universum att ansluta dig är att öppna dig själv och låta saker utvecklas organiskt - detta gör underverk! Vänner som är värda att ha är medvetna om att det är oklokt att göra bedömningar baserade enbart på ytliga egenskaper. Rädsla finns bara i våra sinnen - ta bort den! Lägg undan alla förutfattade meningar och rädslor och lita på din intuition istället för att läsa människor effektivt. Lita på dig själv och din kunskap - du har lärt dig tillräckligt mycket om människor för att känna igen när de är ärliga eller inte, genom att läsa deras sätt, talmönster och ickeverbala indikatorer som avslöjar vem de verkligen är. Lita på dig själv och lita på dig själv; det finns inget att frukta; inget behov av misstankar eller tvekan!

Nu är du mer än beredd att hoppa med huvudet först in i sociala interaktioner och hitta likasinnade som vänner. Dina nyvunna färdigheter från att utöva socialpsykologi bör göra sökningen mycket enklare.
Fastställ mycket snabbt vem som är dålig och vem som är bra. Även om den stora onda vargen kanske fortfarande finns, har du blivit en skicklig och kapabel socialt medveten individ; inte längre sårbar för att bli lurad av någon som drar ullen över dina ögon. Din nya kunskap gör det enkelt för dig att urskilja vem av dem du möter som kan bli dina sanna vänner; inga fler gissningar här - nu när du förstår repen!

Rör dig i din egen takt
Om du har varit ur social kontakt under en längre period kan det kännas skrämmande att träffa nya människor när du börjar igen (säg på ett seminarium eller fest). Ta det i din egen takt Du kan dock undvika det dilemmat genom att söka upp vänner eller bekanta som du vet kommer att vara närvarande vid ett kommande evenemang och träffa dem innan du deltar i det - detta kommer att göra dig lugn när du återvänder till sociala situationer. När du anländer till ett evenemang borde din ångest ha avtagit avsevärt. Att veta att någon kommer att vara närvarande kan introducera dig för andra medan dina vänner sannolikt kommer att känna någon spänning du känner och finnas där som stöd - var aldrig ovilliga att be någon du känner om hjälp; det är vad vänner finns för! Som vi har upptäckt genom hela den här boken - ger de ovärderligt stöd!

Vill du återupprätta ett socialt liv efter att ha varit isolerad? Här är några effektiva lösningar för att göra övergången enklare:

Börja med att nå ut till bekanta - hej hej då är ett enkelt första steg med minimal risk.

Utöka din umgängeskrets till att inkludera små grupper av vänner som du redan har; helt enkelt för att observera hur människor relaterar; få tillbaka vanan att vara runt människor i grupper utan att det känns skrämmande eller skrämmande. Det behöver inte vara skrämmande; ta saker långsamt.
Utöka din umgängeskrets genom att gå med dina vänner på möten de deltar i med nya människor. När de får höra att du vill leva ett aktivt socialt liv igen hjälper de flesta gärna till!

Gå utanför din komfortzon och acceptera inbjudningar att umgås med människor utanför din vanliga bekantskapskrets. De säger att den sötaste frukten ligger i kanten, så kliv ut! Njut av nya upplevelser med nya människor samtidigt som du lär dig mer om dig själv och andra - varför skulle inte folk vilja träffa någon lika fascinerande och intelligent som dig själv?

Var proaktiv i socialt umgänge! Ta ett aktivt förhållningssätt för att träffa nya människor.

När du väl är bekväm med att återuppta sociala kontakter och inte längre känner dig isolerad från andra, kan du proaktivt söka upp personer som du redan känner samt nyanlända till dig. Vänner och bekanta utgör grunden för social anknytning, men du bör expandera vidare till områden som kan vara obekanta såsom:

Gå med i en grupp som delar dina hobbyer och andra intressen.

Registrera dig för att delta i workshops eller gå kurser som tilltalar dig, till exempel workshops eller studiekurser som delar intresse. Det blir lätt för dig att få vänner i sådana grupper där alla medlemmar delar gemensamma mål.

Bli volontär och du kommer att tycka om att tjäna medan du får nya vänner i processen. Inte bara det, utan volontärarbete är det perfekta sättet att utveckla färdigheter och förmågor som du kanske har hoppats att vässa. Liksom workshops eller grupper, ger dela ett intresse en gemensam bindningspunkt mellan volontärgruppmedlemmar - och volontärarbete är inte annorlunda!
Acceptera inbjudningar till födelsedagsfester, sociala tillställningar och andra sammankomster där personer du vill ha kontakt med kan träffas. Bryt igenom alla barriärer som kan hindra de personer du vill träffa från att komma fram.

Delta i sociala evenemang och "träffa upp", med människor som delar liknande intressen. Dessutom kan det hjälpa att gå ut på barer regelbundet; det finns människor överallt som bara letar efter någon intressant att prata med; kanske som du vill de också ha en väg ut ur isolering eller social stagnation! Du är den enda som är ansvarig för att vidga dina horisonter - ingen annan kommer att pressa dem utåt åt dig.

Gå med i online-communities - de kan vara virtuella, men jag vet av personlig erfarenhet att de kan leda till vänskaper i verkligheten. Till exempel har jag träffat många riktiga vänner via Facebook och andra online-communities; ibland gör det lättare att kommunicera än verbalt att dela med sig av dina tankar skriftligt; detta kan hjälpa till att främja varaktiga kontakter som varar efter ett första möte! Dessutom får du analysera potentiella nya vänners skrivstil innan du faktiskt träffar dem!

Ta initiativet
Det finns ingen anledning att vänta på att folk ska närma sig dig; trots allt kan de vara lika reserverade som du. Ingen är född med att känna någon utom familjen; även då kan mötet med människor ofta vara påhittat. Närma dig helt enkelt människor med enkla frågor som "hur mår du" och "var kommer du ifrån". Att vara öppen mot dem runt omkring dig kommer att göra en otrolig skillnad i hur lätt folk öppnar sig för dig!

Kom ihåg att du försöker bryta isen mellan dig själv och en främling, så prata inte för mycket. Var vänlig men inte påträngande, och bli inte frustrerad om andra inte svarar omedelbart – sätt dig själv på deras plats när det är möjligt.
Använd lärdomarna från den här boken för att utvärdera var de står och träffa dem där. Var försiktig när du gör bedömningar av andra - alla dömer alla andra någon gång! Ta dig tid för engagemang mellan individer där båda deltagarna hoppas på ömsesidig uppenbarelse.

Avvisa varje frestelse att bli dömande.

Ingen är perfekt – och det inkluderar dig. Den mänskliga naturen leder till att vi utvärderar människor ganska hårt innan vi lär känna dem, vilket härrör från vår överlevnadsinstinkt och säger åt oss att undvika de som potentiellt kan orsaka oss fara. Men moderna människor har mer effektiva verktyg till sitt förfogande, inklusive icke-verbala språkkunskaper som gör att de kan identifiera personer som inte matchar vad de vill ha i en följeslagare.

Att förbli öppen för dem vi möter är porten till djupare vänskap, eftersom det hjälper oss att bli mer accepterande av andras stilar, utseende eller attityder. Att inte avvisa människor på grund av mindre egenheter är nyckeln till att bli mer accepterande av vem som kan komma in i vår cirkel - det är hemligheten! Ibland blir den mest osannolika personen vår sannaste vän med tiden. Alla söker efter vänskap men bör hela tiden fråga sig om vi uppfyller våra egna kriterier innan de väljer vänner att tillbringa sina liv med. Som jag har sagt upprepade gånger i den här boken, är att känna dig själv nyckeln till att lära känna andra – förbise inte att ta itu med dina egna utmaningar innan du avfärdar potentiella vänner på grund av deras!

Människor är känslomässiga varelser med liten hänsyn till logik eller rationalitet, vilket leder dem att fatta beslut mer baserade på känslor än logik och resonemangsförmåga. Det återspeglas i mediernas rapportering; ofta skildra eller rapportera händelser med känslomässig fördom som kan framkalla liknande svar från publiken när de sänds till dem.

En viktig del för att förstå hur människor reagerar på övertalningsförmåga ligger inom känslor. Känslor ger riklig energi som gör att vi kan slutföra vilken uppgift som helst; även försäljning bestäms av känslomässiga stimuli som genereras under presentationer; det spelar ingen roll hur logiskt du kan presentera saker; i slutändan måste potentiella kunder köpa din produkt på grund av hans svar som utlöstes under dessa samtal.

Å andra sidan bygger logik på fakta och siffror; det är logiken och resonemanget bakom varje fråga. Tyvärr för säljare som enbart förlitar sig på logik när de säljer produkter och tjänster; om deras filosofi beror mer på känslor kommer försäljningen att komma lättare och framgångsrikare.

Tror du att människor är rationella varelser? Baserat på vilken logik dikterar bildas beslut och åsikter? Reagerar människan olika beroende på fakta som ständigt presenteras? Det här är alla viktiga frågor för en frågande person för att få en inblick i hur känslor och logik interagerar och påverkar andra människor positivt på ett positivt sätt.
Din förmåga att leverera logisk information känslomässigt kommer att framkalla fler svar hos din publik än att bara förmedla fakta och logik utan känslomässig resonans, vilket oundvikligen resulterar i inga positiva svar från lyssnarna. Förnuft övertygar män medan känslor motiverar någon att vidta beslutsamma åtgärder som ger fantastiska resultat.

Låt oss titta på några sätt du kan påverka andra genom en kombination av känslor och logik, till exempel:

Skapa en gemensam identitet med andra

En metod för att kontrollera människor är att bygga relationer och hitta en gemensam grund med dem så mycket som möjligt. Ett populärt formspråk säger "Det krävs två personer för att trassla till", så för att påverka någon måste båda parter dela liknande mål, erfarenheter och idéer - på så sätt blir det mycket lättare. Gemensamma grunder i partnerskap eller relationer tenderar att vara lättare när människor delar liknande identiteter snarare än att kulturer är ett extra lager. När vi skapar karaktärslikheter blir vi förenade genom gemensamma mål och mål, känslomässigt stöd från varandra, logiken i delade övertygelser delade kollektiva visionsuppdrag blir verklighet.

Grundligt utforska din partners trossystem

Man kan inte ha en djup eller ömsesidigt tillfredsställande relation med någon de inte helt förstår vad gäller personlighetsdrag och andra nödvändiga psykologiska tendenser. Genom att studera deras trossystem djupt kan du dock bättre förstå dem och gradvis påverka dem till din fördel.

Söker efter sätt att erkänna deras fördomar

Att påverka någon med olika övertygelser är ofta svårt, oavsett kvaliteten på din logik. Leta istället efter effektiva strategier för att tilltala hans fördomar genom att spela bias-kortet effektivt. Hur kan du göra detta? Genom att engagera honom direkt i dessa frågor.
Att locka någon kräver att man tar reda på deras föredragna idéer och poäng och sedan presenterar dem. Med detta tillvägagångssätt kommer ditt mål att känna sig avslappnad runt dig och mer sannolikt ge tillgång till hans eller hennes privatliv.

Undvik kamp eller flykt i dina diskussioner

Att påverka människor med hjälp av logik och känslor fungerar bäst när möten och diskussioner genomförs utan fall av strid-eller-flykt-beteende, såsom konflikter och missförstånd i relationer som leder till flykt eller slagsmål. I sådana ögonblick blir rationalitet feltolkad, mål blir ouppfyllda och argument kan inte göra framsteg mot en atmosfär av kamp-eller-flykt.

En expertmanipulators mål är att bilda en ohälsosam långsiktig relation med sitt mål och behålla fullständig kontroll över dem, vilket bara kommer att gynna dem själva. Ett effektivt partnerskap kräver lika stöd mellan deltagarna. Om en partner alltid verkar erbjuda mer, kan det vara ett tecken på att din make inte är ärlig om sina avsikter i ditt förhållande. Psykologisk manipulation uppstår när en part försöker skapa en maktobalans i syfte att dra fördel av en annan person. Manipulation kan visa sig på olika sätt, men en röd tråd mellan alla är att en individ, manipulatorn, kommer att gynnas medan en annan individ - vanligtvis känd som offret - inte kan skadas. Vissa individer blir involverade i relationer utan att inse att de har gått in i giftiga. Vid första anblicken kan deras partnerskap tyckas ofarligt utan någon indikation på att senare stress och komplikationer väntar dem när de har att göra med manipulatorn. Tvångsmetoder som denna gör det möjligt för manipulatorer att nå och ta kontroll över sina mål utan att känna dem personligen. Naturligtvis skulle relationer inte börja med dramatik eller dränerande autonomitaktik från en manipulator; när de började sitt mål skulle de se dem gå i en annan riktning helt och hållet; med tiden kan denna typ av tillvägagångssätt bli effektiv allt eftersom tiden går.

Inledande uppmärksamhetssökande beteenden kommer sannolikt inte att orsaka dem några problem; men när deras mål blir djupt personligt och viktigt för dem båda kan detta utgöra vissa hinder för framsteg.
Vid denna tidpunkt börjar manipulatorn ändra strategier. Denna förändring kommer inte att ske över en natt men kan ta flera veckor för att nå sina mål i tid. I detta skede kan deras fokus ha blivit så fokuserat på att upprätthålla och stärka äktenskapet att eventuella problem eller övergrepp lättare förbises än tidigare.

Uppenbarligen finns det vissa indikatorer som pekar mot att någon är en manipulator i ditt förhållande. Det är klokt att kontrollera dessa signaler om du misstänker att någon i ditt äktenskap kan vara giftig och orsaka problem eller potentiellt användas av externa krafter som en influencer eller manipulator:

Manipulatorer kommer att uppmuntra dig att gå utanför din komfortzon på olika sätt, med socialt tryck, fysisk kraft och psykologisk manipulation som alla används som vapen för att avleda intressen bort från det de borde sträva efter. De blir den som styr och ser till att deras intressen går ur spår med varandras. De blir den som har makten över dig under hela denna resa.

Så fort ditt självförtroende börjar sjunka, blir manipulation lättare för alla som försöker dra fördel av dig. Vårt förtroende tas snabbt tillbaka från oss eftersom manipulatorer snabbt utnyttjar det genom att få oss att känna oss mindre än fantastiska och använda våra svagheter för personlig vinning.

Hemlig behandling. I den här tekniken tar man varje liten slant från sin manipulator och förstorar den för att skapa en obehaglig situation för sig själva och hota deras mål. Vi använder tyst behandling genom att tillhandahålla e-postvarningar, röstmeddelanden, sms och e-postmeddelanden tills vi slutligen avslutar det när det behövs. Att lyckas hålla allt under kontroll samtidigt som man vet när tystnadsbehandlingen är avslutad kan bara ge mer problem för dem själva och alla inblandade.

Ångerresan. Ingen gillar att känna ansvar, så när vi upplever skuld gör vi vårt bästa för att lindra den så snabbt som möjligt. En manipulator vet detta väl och kommer att använda alla ursäkter de kan hitta för att bortförklara sina handlingar. Ohälsosamma äktenskap fastnar ofta i olösta konflikter som förblir olösta av olika anledningar, utan kontakt mellan partners och ingen avsikt från manipulatorn att lösa konflikter avsiktligt. Om det är din situation skulle det sannolikt vara lättare och bättre om du förfalskade dig själv att tro att dialogen har börjat eller avslutats istället för att arbeta tillsammans för att lösa problemet.

Nu kan vi inse att denna inställning till äktenskap inte är idealisk. Ingen vill känna sig instängd i ett förhållande där en annan individ alltid verkar ha kontroll över våra liv och fattar beslut åt oss, snarare än att våra liv hanteras självständigt av oss själva. Så utan att dra full nytta av oss själva måste vi hitta någon som stödjer denna strategi utan att vi drar fördel av oss själva. Men innan vi går för snabbt framåt måste vi först svara på några nyckelfrågor för att avgöra om vår make verkligen kan vara manipulativ. Så snart vi har gått igenom den här guideboken borde du ha en bättre uppfattning om din vänskap är tvångsmässig eller inte. Vissa åtgärder du kan vidta för att skydda dig själv är att erkänna dina rättigheter om något av dessa partnerskap inträffar. Eftersom vänskap kan utvecklas över tid, kan det bli svårt att komma ihåg hur man står upp för sig själv när dina behov har ignorerats av en manipulator. Du får aldrig glömma att dina grundläggande rättigheter alltid måste upprätthållas och alltid bör respekteras. Det finns olika friheter till ditt förfogande, som att respektera andra, uttrycka åsikter och önskningar fritt, sätta personliga mål utan att bli påverkad av någon annan och att säga nej till andra. Att ha andra åsikter än någon kan dessutom säkerställa psykologisk, mental och emotionell trygghet och möjliggöra ett tillfredsställande liv oberoende av en annan individ om så önskas.

Dessa privilegier kan i det långa loppet tas från dig av manipulatorer. Genom att upprätthålla kontroller som ger effektivt beslutsfattande och agera efter vad de säger, hjälper dessa fördelar till att upprätthålla kontroller. Men innan du går in i någon situation igen, kom ihåg att tänka framåt. När du konfronteras med en, var observant. Ta dina egna råd på allvar när du uttalar dig mot en auktoritetsperson som vill att du ska agera mot deras vilja.

Återta dina friheter, ta ett djupt andetag när du pratar med en manipulativ vän och försök. Bara du är ditt livs herre; så håll dig borta. Att hålla sig borta är nyckeln när du har att göra med manipulatorers vänner - gör allt som krävs för att hålla dig fri! Att hålla dem på armlängds avstånd är ofta bästa praxis. Om detta är för sent, försök åtminstone skapa lite utrymme mellan er båda. Att ge dem ytterligare en möjlighet att lära sig om dig, bedöma dina sårbarheter och utarbeta planer för att utnyttja eventuella framtida möten med någon oärlig ger dem bara fler chanser att dra fördel av dig och utnyttja dina framtida planer. Att hålla sig borta från oärliga individer är det första och enda effektiva försvaret. När du känner ett incitament att förändra, ta den motsatta vägen. Observera att manipulatorer försöker få dig att må dåligt, i ett försök att hjälpa till att återförenas och använda dig igen till deras fördel. Det skulle vara i ditt eget bästa att hålla sig borta från dessa människor; fall inte i deras fälla genom att tycka synd om dig själv eller stödja deras sak.

En ytterligare aspekt av manipulatorers beteende är att utnyttja dina sårbarheter. När de väl känner till dina sårbarheter kan han eller hon utnyttja dem fullt ut mot dig - vilket gör att du känner dig otillräcklig, ofta straffar du dig själv för förvirring orsakad av dem, vilket gör det lätt att skylla dig själv och ofta straffa dig själv hela tiden när straffen från dem ökar. De vet att detta kommer att tillåta dem att behålla kontrollen så länge som möjligt genom att ständigt skifta mål så att du aldrig når de standarder du ställer in – vilket skapar oförlåtlig förvirring som gör att de kan fortsätta att nå sina avsedda destinationer.

Låt inte denna manipulation fortsätta. Vi försöker använda dig och skylla på dig för vilka brister det än kan finnas så att du fortsätter må dåligt och söker validering från dem för att må bättre. Akta dig för manipulatörens påståenden att all denna skuld ligger på dig ensam - inget av det är verkligen ditt ansvar; allt görs helt enkelt för att du ska må sämre.

Att göra företaget och dina privilegier mer benägna att ge, veta varför och lära sig säga nej kommer att minska en manipulators kontroll över dig. Att veta varför, ja och lära sig att säga nej är grundläggande rättigheter som vi diskuterade tidigare, men många misslyckas med att uttrycka dem varje dag. Att veta när det är din tid innebär mer kontroll för alla inblandade! Att veta när det är din tur kräver en del inlärning om du vill undvika att bli en del av deras manipulationsschema. Att veta varför ja betyder ja men lär dig att säga nej om det behövs. Partnerskapsmanipulatorers mål är alltid att säga ja trots information och strategier de använder om dig om det gör dem bekväma att säga ja när saker och ting inte behöver uttryckas - förståelsen av denna grundläggande rättighet bör utökas eftersom denna grundläggande rättighet kan försummas på många fronter när de talar upp tas inte tillräckligt med hänsyn eller praktiseras varje dag, antingen genom manipulationstekniker eller på annat sätt misslyckas med att kommunicera det fullt ut på daglig basis när det behövs.

Om vi är rädda för att såra någons känslor och oroar oss för att deras attityd kan förändras om vi vägrar hjälp åt dem, kan det att säga ja ofta få oss att gråta - det krävs stort mod att säga ja till någon annan! Tyvärr händer detta nästan regelbundet. Föreställ dig att hantera en manipulator. Att veta hur man hävdar sig mot dem kan vara utmanande i början, men att veta hur man effektivt talar emot deras manipulation kommer att ge dig makten tillbaka över din situation. Alla kommer inte att gilla det beslutet och du måste kämpa för att behålla ditt oberoende. Att säga "nej" utan att känna någon ånger kommer att möjliggöra en friare och hälsosammare livsstil överlag; att vara i giftiga relationer ska aldrig ses som något positivt. Att samarbeta med manipulatorer innebär att ingå ett förhållande som är beroende av att möta deras behov, med potentiella förluster för båda parter i tid. Tyvärr gör det att de är tränade i att tänka på det här sättet omedvetna om att de engagerar sig i sådana relationer tills det är för sent. Steg ett i att lösa eventuella äktenskapskriser bör vara att lära sig att upptäcka tecken på bedrägeri, tvång eller andra svårigheter som kan plåga ditt förhållande. Att genomgå äktenskap tar tid och mod, särskilt som dess primära mål länge har varit att bygga upp självförtroende och självkänsla under svåra tider. Men när allt går ihop framgångsrikt och målet äntligen förverkligar sin dröm, kan belöningarna bli betydande.
Lär dig var du står och stärk det; då kan du se att livet förändras utan att behöva använda en extern källa för att göra det åt dem.
Övertalning När människor försöker förstå vad det betyder med "övertalning" varierar deras svar ofta mycket. Medan vissa kan vända sina tankar mot reklam eller reklam som uppmuntrar konsumenter att spela förmyndare över vissa produkter eller tjänster framför andra, kan andra vända sig mot politiker som försöker ändra väljarnas uppfattning för att vinna en extra röst vid valurnorna - båda exemplen tjänar syftet av övertalning. Båda formerna är giltiga exempel eftersom dessa meddelanden försöker förändra människors uppfattning om ämnen som diskuteras.

Mörk övertalning skiljer sig från normal övertalning genom att dess motiv inte alltid gynnar dem som övertalas; normala övertalare försöker övertala för de som är övertygade, medan mörka övertalare ofta söker lönsamma motiv som inte alltid är fördelaktiga för dem som övertalas. En mörk övertalare måste få full kunskap och förståelse för vem de vill påverka för att identifiera vad som motiverar dem mest effektivt innan han ägnar sig åt något övertalande eller övertalande beteende från den personen innan han fortsätter med taktik eller övertalningstaktik om det är lämpligt.

Även om övertalning alltid har moraliska konsekvenser, tenderar mörka övertalare att inte oroa sig för mycket om dessa. Även om de är medvetna om dem, förblir deras fokus helt och hållet på att nå sina mål.

Övertalning är ett vardagligt psykologiskt fenomen. Du kan antingen vara den som övertalar någon annan eller bli övertalad, där motivation är nyckeln. Övertalning spelar en stor roll i såväl massmedia, politik, reklam som juridiska beslut - dess effektivitet bestäms av olika metoder som används för övertalning som påverkar ämnet.
Övertalning framstår som en distinkt och väsentlig form av sinneskontroll från hjärntvätt och hypnos, som båda kräver isolering av individer för att förändra deras sinnen och identiteter; Övertalning kräver inte isolering som en del av dess metodik.

För att uppnå våra önskade mål används manipulation mot enskilda ämnen; övertalning kan också användas på en individ; emellertid kan storskalig manipulation potentiellt förändra övertygelser och beslut i hela samhällen eller till och med samhällen.

Övertalning kan vara effektivare för att ändra åsikt än direkt manipulation eftersom den har förmågan att svaja flera individer samtidigt.

Många individer gör misstaget att tro att de har immunitet mot övertalning eftersom de tror att de alltid kommer att kunna genomskåda varje försäljningsargument som kommer i deras väg och använda logik för att nå en lämplig slutsats.

Människor kommer inte alltid att ge efter för varje argument som presenteras, särskilt om man använder logik. Dessutom kanske övertalning inte får fäste om ett argument inte stämmer väl överens med någons övertygelse trots hur stark dess förespråkare kan tyckas vara.

Men det finns människor som förstår hur man använder övertygande budskap för att övertala andra att köpa nya prylar eller produkter på marknaden. Deras subtila övertalning kommer ofta att förbli oupptäckt av sitt mål, vilket gör det svårt för dem att bilda sig åsikter om information som de fått.

Varje gång övertalning nämns, tenderar man att associera det med negativa associationer såsom svindlare eller säljare som försöker övertyga dig om att ändra ditt perspektiv kommer att gynna dem och driver tills denna förändring har ägt rum.

Övertalning kan användas både på gott och ont; övertalning i försäljning och luring är två exempel, där övertalning används åt båda hållen; till exempel mellan internationella organ eller i public service-kampanjer som använder övertalning som en del av diplomatiavtal och kampanjer för goda ändamål är exempel på mörk övertalning som används effektivt respektive för positiv effekt. Det hela handlar om hur denna övertalningsprocess sätts i spel.

När man försöker ändra någons uppfattning genom övertalning, kommer de att kräva verktyg och strategier för framgångsrik implementering av övertalningstekniker för att lyckas.

Varje dag som går kommer att presentera deras mål med olika former av övertalning. Mattillverkares mål kommer att vara att övertyga sitt mål att prova sina nya recept eller fortsätta med gamla; studior kan annonsera sina senaste storfilmer direkt på dem.

Oavsett vilken produkt de säljer är deras huvudmål att öka försäljningen; därav deras försök till övertalning. Även om de inte överväger hur detta kommer att påverka dig direkt, så de måste använda subtila övertalningstekniker för att inte varna eller uppröra potentiella kunder. Eftersom det också kan finnas flera varumärken som försöker övertala dig, måste var och en hitta sitt eget sätt att övertyga sina tittare om sitt perspektiv.

På grund av den långtgående effekten av övertalning har dess tekniker länge studerats sedan antiken. Inflytande är en ovärderlig tillgång som kan utnyttjas av vem som helst i många olika omständigheter och kulturer.

Med början i början av 1900-talet började formella studier av övertalningstekniker vinna mark. Kom ihåg att övertalning innebär att driva fram ett argument som övertygar en publik och att låta dem acceptera detta budskap som sitt nya sätt att leva sina liv.
Därför finns det ett enormt behov av att upptäcka effektiva övertalningstekniker.

Det finns tre mörka övertalningstekniker som har bevisat sitt värde över tid och vi kommer att diskutera dessa i det här avsnittet.
Skapa ett behov
En effektiv strategi för att övertala någon att ändra sitt synsätt eller sätt att leva är att skapa eller utnyttja ett behov som redan finns för den personen, helst på ett sådant sätt att det är tilltalande och önskvärt av dem. Om den görs effektivt och lämpligt kan denna taktik ge stor framgång med det avsedda målet.

Övertalare måste ta sig an det som är viktigast för sin målgrupp för att lyckas med övertalning - som att uppfylla drömmar eller öka självkänslan - eller ge skydd, kärlek eller mat.

Detta tillvägagångssätt fungerar alltid bra eftersom det förutsätter att varje ämne kräver någon form av hjälp i någon eller annan form - med andra ord, det finns ingen i nöd som inte drömmer och strävar efter något i livet - övertalaren behöver helt enkelt hitta sätt att de kan hjälpa offret att uppnå dessa drömmar snabbare och mer effektivt.

Övertalare övertygar ofta sitt mål om att att göra vissa justeringar av sina övertygelser eller perspektiv kommer att hjälpa dem att förverkliga sina drömmar snabbare, vilket ökar sannolikheten för framgång.

Exempel: En ung man som letar efter intima relationer kan lova en kvinna att han kommer att hjälpa henne att förbättra hennes betyg och slutligen göra sina föräldrar stolta genom att få ett A, men bara om hon blir hans vän. Även om den här damen kanske tror att den här unga mannen verkligen bryr sig om hur bra hon presterar akademiskt, kanske han i verkligheten bara bryr sig om att komma närmare och engagera henne sexuellt - akademiker är bara en ursäkt för fler sexuella möten!
Överklaga till sociala behov
Övertalare kan använda en annan taktik för att övertala: att identifiera sitt måls sociala behov. Även om denna teknik kanske inte ger omedelbara resultat, är den fortfarande en ovärderlig tillgång i deras verktygslåda.

Människor med en affinitet för folkmassor och som söker uppmärksamhet tenderar att dras mot dem naturligt, söker acceptans genom att gå med i grupper eller ha specifika föremål som statussymboler som ger dem känslan av att de tillhör en högre klass.

Genom att tilltala sina sociala behov uppnår många TV-reklam framgång när det gäller att tilltala tittarnas köpbeslut så att de inte "missar". När annonsörer kan identifiera och tilltala specifika sociala behov hos ett mål, kan det öppna upp nya intresseområden för just den personen.
Ord och bilder som används som laddade signaler

När man övertalar någon, betyder orden mycket och måste väljas noggrant eftersom alla kan ha olika effekter. Det kan finnas många sätt att säga samma sak men ett tillvägagångssätt kan visa sig mer kraftfullt än ett annat.

Övertalning kräver att man vet när och hur man ska säga rätt ord vid rätt tidpunkt; ord är alltid nyckelverktyg för kommunikation och att känna till de lämpliga uppmaningsorden är avgörande för framgångsrik övertalning.

Mörk övertalning är ett av de mest potenta verktygen inom mörk psykologi, men är ofta underskattad och försummad. Kanske beror detta på att övertalning är unik som ett försök till mind control; till skillnad från dess alternativ som tvingar underkastelse på ett ovilligt mål utan deras deltagande; till skillnad från övertalning förblir dock målbeslut öppna med endast begränsad inblandning från dem ibland isolerade för att påverka processens resultat.

Övertalning fungerar bäst när alla kort läggs blotta (om än med dolda avsikter i mörk övertalning) så att dess mål kan fatta det beslut som bäst tjänar deras intressen.

Även om hjärntvätt kan syfta på att ändra andras tankar och övertygelser mot deras vilja eller utan deras samtycke, är dess verkliga definition mer expansiv; det involverar varje systematiskt försök till tvång och övertalning som används för att förändra en individs attityder eller förändra deras beteenden för att förändra beteendemönster och förändra beteenderesultat.

Hjärntvättstaktiker har länge använts som en del av politiska indoktrineringsprogram för att få människor att ändra sin uppfattning om politik eller religiösa doktriner, särskilt inom kultiska grupper. I första hand fungerar hjärntvätt genom att ersätta offrens övertygelser med dem som föredras av deras tillfångatagare och lämpliga för miljön där de finns.

Hjärntvätt innebär att frånta en individ all frihet, oberoende och beslutsfattande makt; störa ens dagliga vanor och beteende på ett sådant sätt att det krävs fullständig lydnad till hans/hennes tillfångatagares auktoritet i alla aspekter. Hjärntvätt innefattar ofta fysiska övergrepp såväl som hot om skador eller död vid behov eller livstids fängelse innan man ingjuter nya övertygelser som ett acceptabelt sätt för ett upplyst liv.

Hjärntvätttekniker syftar till att odla ett barnsligt förtroende mellan offer och fånge, med offer som uppmuntras att erkänna tidigare brott eller göra absurda eller triviala misstag av rädsla för att verka skyldiga innan andra ens har hunnit bli hjärntvättade själva. Om andra tillfångatagare också har hjärntvättats före dem, skulle dessa individer kunna hjälpa till att förstärka denna process genom att kritisera och visa missnöje med vad offret har gjort eller misslyckats med inför andra medlemmar i samhället.

När hjärntvättningen väl får fäste börjar fångarna att få godkännanden och belöningar för sina handlingar. SE DENNA VIDEO FÖR HUR HJÄRNTVÄTT kan vara en del av mörk psykologi

Mörk psykologi uppstår när någon använder hjärntvättstaktik för att påverka en annan mot sin vilja och manipulera eller påverka dem mot sin vilja. Vi har var och en fri vilja, vilket betyder att vi bör fatta våra egna beslut, umgås fritt och välja vem vi umgås fritt med; när denna frihet tas bort genom våld eller tvång utgör den mörk psykologi.

Människor i våldsamma relationer är mottagliga för hjärntvätt. En man kan förbjuda sin fru att umgås med vissa vänner under förevändning att de kommer att vara skadliga influenser - samtidigt som hon borde fatta sitt eget beslut i denna fråga när hon mognar. Eller ännu värre, tvinga sin partner att inte bära vissa typer av kläder och hävdar att det inte är tilltalande så att de kan kontrollera dem bättre.

Att leva med en våldsam partner är både förvirrande och utmattande, vilket ofta gör livet mer komplicerat för alla inblandade. De kommer att skylla på och manipulera dig för saker som aldrig var ditt ansvar; för att behålla deras tillfredsställelse kan du bli främmande från familj och vänner, ändra hur du klär dig eller dina politiska åsikter; allt handlar om dem kontra dig.

Ett våldsamt förhållande uppstår när en partner använder hjärntvättstaktik för att manipulera och kontrollera sin partner. Som ett resultat blir de beroende av dem för enkla beslut som att välja middag. Deras liv kretsar enbart kring att göra sin partner lycklig till varje pris för dem själva; och vad som är kärlek eller hur den ska uttryckas bestäms enbart av dem - som sedan bestämmer vad som exakt ska utgöra lycka på deras bekostnad och vice versa. Deras förövare är sedan ansvarig för att definiera kärlek som den uttrycks genom dem såväl som allt fel i offrets liv - från vilka behov de bör förbättra eller till och med hur de ska agera därefter och vad som utgör lämpliga beteenden i enlighet med vad deras våldsamma partner definierar vad kärlek bör uttryckas och definiera allt om offrets liv så mycket som en-och vad exakt den förövaren vill ha dem när det gäller beteende enligt hur man ska uppföra sig och vilka beteenden som skulle utgöra lämpligheten av vad exakt denna relation.

Missbruk kommer i många former; oftast genom känslomässiga, psykiska och fysiska övergrepp. När de väl är inne i sitt grepp kan offren ofta inte undkomma det.
En våldsam partner hittar snart sätt att slå ner sin partner med förnedrande kommentarer och förolämpningar, för att upprätthålla hjärntvätt och misshandel. För sin egen psykologiska överlevnad kommer det ibland att finnas perioder då deras förövare stannar upp och visar vänlighet mot sitt offer - skapar traumabindningar som gör att offret vill göra sin förövare glad för att i gengäld bli bemött med värme och vänlighet.

Hjärntvätt faller inom mörk psykologi när dess offer blir fångat i sitt eget liv. En kontrollerande partner i ett förhållande kan hålla undan resurser som bilar, pengar eller mat från sin partner - förvandla honom eller henne till en fånge i sitt hem, framkalla rädsla hos dem och förändra hur de uppfattar världen omkring dem.

Hjärntvättade offers liv förtärs av tankar på att tillfredsställa sin förövare, även utan att fysiskt våld begås mot dem. Även utan att fysisk misshandel inträffar fortsätter deras liv i skuggan av deras förövares närvaro; som ett resultat av detta uppstår ofta psykologiska effekter som ångestsyndrom och depression som symtom.
Hjärntvättprocess i korthet

Hjärntvätt är ett systematiskt tillvägagångssätt som syftar till att ta bort en av deras identitet, förändra trosuppfattningar, attityder och värderingar och samtidigt förändra tankeprocesser. Manipulatorer använder olika steg eller stadier som verktyg för att hjärntvätta sina offer.

Skuld
I ett förhållande kommer manipulatörer ständigt att välja argument där deras offer framstår som de som gör fel, vilket får dem att känna sig skyldiga för varje oenighet och leder till att de känner skam för allt - detta är det första steget i att hjärntvätta en person.

Självförräderi
Att tvingas fördöma familj och vänner förstör ens självkänsla samtidigt som skuldkänslorna ökar; dessa förnimmelser tjänar till att bryta sig loss från sitt förflutna samtidigt som de skapar utrymme för att skapa en ny identitet.

Brytpunkt
När offer för fysiska, verbala och psykologiska övergrepp känner att de har svikit sig själva och fått skuldkänslor, kan de nå bristningsgränsen och kollapsa känslomässigt och psykologiskt. Att gråta okontrollerat och drabbas av ångestattacker kan vara tecken på att något har brutit loss inom dem; psykologiskt är de rädda att de håller på att förlora sig själva helt och hållet och lever i konstant rädsla för att förlora sig själva helt och hållet.

Precis när ett offer känner sig maktlös över sig själv erbjuder en förtryckare vänlighet som en paus från attacken mot vem de är. Vid sådana ögonblick av ljus som dyker upp där det var mörker, känner offren djup tacksamhet mot sina angripare - ett avsiktligt drag av deras förövare innan de börjar igen på dem.
I en tid då offren är tacksamma mot sin förövare för att ha hjälpt dem att komma i säkerhet, verkar den hårdare sidan av hans/hennes behandling ofta vara större. De kan känna att de är skyldiga något tillbaka och känner sig tvungna att återgälda hans vänlighet - ofta genom att erkänna sina upplevda misstag för att lindra eventuell skuld de kan känna.

Kanalisera skuld
Alla känslor av skuld och skam som offret upplever kommer sannolikt att kompliceras av ett ökat angrepp på sin identitet, vilket gör dem osäkra på vilka handlingar eller beslut som fått dem att tro att de har begått och att de istället tror att de måste bära ansvaret. Så snart förövaren uppfattar att skulden finns hos dem använder de den för sig själva, vanligtvis genom att övertyga offret om att de har levt ett liv fyllt av dåliga

beslut och ideologier; föreslår istället att de öppnar sig för nya perspektiv för att förändra.

Logiskt vanära Ett offer tror ofta att deras skuld ligger i ideologier som påtvingats externt; lärare och ideologier blir målet för skulden istället för att se någon manipulation på spel. Bekännelser blir ett sätt att lindra skuld då individen mentalt kastar bort alla handlingar som utförs under dessa "fel" ideologier - och därmed symboliskt distanserar sig från dem och därmed misskrediterar dessa uppfattningar om felaktig ideologi helt och hållet.

Framsteg och harmoni
Att förkasta gamla ideologier skapar en möjlighet för framsteg och harmoni att växa fram, eftersom de som är emot det nu måste söka alternativa åsikter för att ersätta det. Om dessa verkar kompatibla och lämpliga för deras behov, påskyndas processen avsevärt - vilket ger fred i dess ställe. Vid denna tidpunkt råder lugn, som ersätter eventuellt obehag.
Som straff har de tillfångatagna plötsligt behandlats som hjältar och godhjärtade individer accepteras som substitut för att ersätta syndiga idéer i deras gamla ideologi.

Slutlig antagning och återfödelse

Så snart de mötte den skarpa kontrasten mellan tidigare smärta och framtida löften som presenterades av deras nya ideologi, övergav offret fullständigt all trohet mot den gamla ideologin genom att avslöja alla kvarvarande hemligheter; i det ögonblicket tog de full äganderätt över sin nya ideologi.

Återfödelse hänvisar till denna process och, beroende på ens ideologi, kan det inkludera övergångsriter som fullständigt förseglar en till sin nya ordning. Dessa kan innebära att starka uttalanden uttalas högt för att acceptera nya ideologier och att svära trohet till nya ledare.
Hjärntvätt: Utforska dess inverkan

Hjärntvätt, som tidigare förklarats, innebär att förändra en persons tankemönster, föreställningar och attityder för att kontrollera sitt beteende och få kontroll över dem. Denna praxis sker ofta till förmån för manipulatorer men kan få förödande återverkningar; Det finns olika former av inverkan som hjärntvätt kan ha såsom:

Hjärntvätt har en förödande inverkan på ett offers självkänsla. De känner att de inte håller måttet och att inget de gör är tillräckligt bra, vilket leder dem in på en väg av självmord eller depression.

Ångestsyndrom – Någon som blir hjärntvättad förlorar ofta sin identitetskänsla och blir isolerad från sina närmaste. Tvingade att ändra sig från den de var tidigare, blir offren ständigt angelägna om att inte göra fel och kan utveckla ångeststörningar som påverkar yttre beteenden.

Depression - Hjärntvättade offer tenderar att bli isolerade från nära och kära och omvärlden, deras fokus ligger enbart på att tillfredsställa sin fånge och att ta emot all vänlighet de erbjuder i gengäld. Utan någon att prata med och deras känslor ignoreras av alla runt omkring dem, kan depression sätta in, vilket hindrar relationer med andra.

Brist på självkänsla - Konstant övergrepp från deras tillfångatagare och kritik är tillräckligt för att få deras offer att tro att de inte har något värde och är rädda för att fatta några beslut eftersom de har fått lära sig att de är ovärdiga.

Att leva i rädsla - Hjärntvättare använder rädslataktik för att påverka sina offer, vilket gör dem rädda för att något dåligt väntar runt hörnet och att livet i allmänhet är osäkert och ovänligt. Deras offer lever med denna ständiga oro för att varje person kan utgöra fara om de vågar sig utanför, medan tillfångatagare använder hot om konsekvenser mot sitt offer om han eller hon inte gör vad som krävs av deras tillfångatagare.
Ändring av övertygelse - tillfångarens primära mål är att forma sina offers övertygelser för att kontrollera deras beteende och hålla dem under tummen. Oavsett om deras tro var etisk; så länge det krockade med hans eller hennes ideologier eller övertygelser, då var det inte tillräckligt bra.

Beroende på avsikten hos deras tillfångare eller angripare, har hjärntvätt olika effekter på offren beroende på dess tillämpning. Därför är det viktigt att identifiera alla tekniker och knep som används av potentiella brottslingar för att undvika att falla offer för hjärntvättstekniker som används av utövare av mörk psykologi. Nedan är några sådana tekniker som vanligtvis ses när man deltar i mörkpsykologi-sessioner.

Hjärntvätt uppstår när individer eller grupper använder underhandstaktik för att påverka och övertala andra mot sin vilja att ändra sina övertygelser utan deras samtycke, ofta med hjälp av psykologiska tekniker som mörk psykologi. Påverkans- och övertalningstekniker som används mot deras vilja är också kända som hjärntvättstaktik, eftersom det involverar underhandstaktik som används av en individ eller grupp i ett försök att hjärntvätta en annan. Medan människor upplever övertalning varje dag, när detta blir påtvingad förändring utan samtycke blir det hjärntvätt och mörk psykologisk taktik börjar användas mot dem, detta kan inkludera hur många taktiker som helst som används mot deras offer av olika parter som inkluderar:

Isolering - det första steget av hjärntvätt innebär vanligtvis att man isolerar sitt offer från familj och vänner. Genom att isolera dem helt från samhället vill manipulatören att deras offer inte ska ha någon de kan prata med om deras manipulationstaktik; annars skulle deras auktoritet ifrågasättas av tredje part, vilket ger sin motståndare mer information från olika källor än de själva.

Attack of Self-Esteem - När offer är isolerade har manipulatorer lättare att bryta ner dem och bygga upp dem igen i enlighet med hans önskningar. För att framgångsrik hjärntvätt ska inträffa måste dock offren först känna sig underlägsna manipulatören och detta involverar ofta förlöjligande, hot eller hån från den senare, vilket ytterligare minskar självkänslan hos offer som känner att de är helt sårbara innan de själva blir offer.

Psykisk misshandel – Manipulatorer använder ofta psykologisk tortyr för att hjärntvätta sina offer, till exempel att ljuga om dem inför andra för att få dem att se dumma ut, samt att smutskasta eller beröva sina offer något personligt utrymme så att de känner sig fångade av dem .

Fysisk misshandel – Manipulatorer använder olika fysiska metoder för att underkuva sina offer och påverka dem, inklusive att beröva dem mat eller tillgång till vattenkällor. Manipulatorer berövar ofta sina offer sömn genom att utöva våld mot dem, beröva dem mat och hålla rummet kallt. En manipulator kan också använda subtila sätt att hjärntvätta sina offer; som att hålla ljudnivån förhöjd, ha konstant flimrande ljus eller medvetet ändra rumstemperaturer.

Repetitiv musik - Enligt studier kan att spela repetitiva beats framkalla ett hypnotiskt tillstånd hos människor. En manipulator som förstår denna teknik kan använda denna taktik mot sitt offer. Musikens rytm kan förändra medvetandet tills deras manipulator kan använda denna taktik och tala direkt in i ditt undermedvetna - vilket leder till att din hjärna reagerar omedelbart med nya förslag, och därmed ändrar beteende automatiskt.

Kontakt är endast tillåten med andra hjärntvättade individer - Manipulatorn tillåter endast deras offer att ha kontakt med andra offer för hans/hennes manipulativa kampanj, i hopp om grupptryck från andra offer för att övertala sitt mål att underkasta sig sitt nya sätt att tänka. Offren känner sig ensamma och isolerade och tenderar att lyssna på förslag från andra för att känna sig accepterade och känna sig mindre ensamma.

Oss vs Them - När manipulatorer introducerar en Vi och Dom-dynamik, verkar det som om de ger sitt offer ett val mellan sig själva och upplevda fiender; allt i ett försök att få fullständig lydnad från dem. Efter att ha visat de negativa aspekterna av andra, förväntar sig manipulatorer att deras offer ska välja sig själva framför dem i motsats till att välja andra framför sig själva.

Kärleksbombning - Med denna taktik drar manipulatören sitt offer närmare genom att visa fysisk tillgivenhet genom beröring, utbyta intima tankar, knyta an känslomässigt och visa vänlighet - denna taktik används för att visa validering för sitt offer att gå med i deras grupp var det rätta beslutet, radera någon tillgivenhet de kan känna mot någon utanför.

Hjärntvätt tjänar sällan till det större. De flesta manipulatorer använder sådan taktik för att få full och total kontroll över sina offer.
Hjärntvätt kan vara förödande för dess offer. De tappar snabbt all känsla för sig själva och lever för att behaga sin fånge; enkla saker vi tar för givet som att välja vad och när vi ska bära tas från dem; alla beslut de annars skulle fatta tas ifrån dem - allt detta så att manipulatorn känner sig ovärdig och tacksam för att de har vunnit deras gunst.

Steg ett för att undvika hjärntvätt är att bli medveten om taktiken som manipulatorer använder och deras egenskaper, för att känna igen när någon försöker hjärntvätta dig eller någon i din närhet. Hjärntvätt är en aggressiv form av mörk psykologi där en manipulator använder dessa taktik för personlig vinning samtidigt som de bortser från offrens känslor eller välbefinnande.

Nu när du förstår alla sätt på vilka andra har orsakat dig själv skada, är det dags att utnyttja denna kunskap och använda den för gott. Oavsett vad du tidigare trodde om din hjärna och dina förmågor, inser du nu att du besitter en otrolig kraft som gavs till dig vid födseln - förmågor som kan eller inte kan användas lätt. Vissa kan kämpa för att komma till rätta med vem de verkligen är och deras mål i livet, och det är helt okej; att försöka för mycket kan begränsa vårt tänkande och förhindra att nya insikter dyker upp. Oavsett hur andra har fått dig att känna tidigare, definierar inte deras handlingar vem du är idag. Ta lärdomar från din historia samtidigt som du förblir sann mot vem och var du kom ifrån. Släpp all skada du har känt så att du kan börja läka och gå i en mer positiv riktning.

Se till att du spenderar tillräckligt med tid på att lära känna människor väl, utan att göra antaganden om dem. Ju mer du förstår vilka människor som verkligen är i deras kärna, desto lättare blir det för dig att ha ett positivt inflytande över dem. Även när du känner dig vilsen och förvirrad, kan grävande inåt eller externt avslöja mer meningsfulla sanningar; när du gör antaganden eller etiketterar människor för snabbt kommer det bara att begränsa din förmåga att växa och förstå världen bättre.

Kommunikation kommer att vara nyckeln. Även om det kan vara skrämmande och utmanande, kommer det så småningom att vara fördelaktigt att säga sanningen för att hitta lösningar på problem mer effektivt.
I slutet av dagen kommer du att må mycket bättre om du talar ut och delar din sanning - både du själv och andra kommer att dra nytta av att höra vad du har på hjärtat och hjärtat. Försök inte övertala andra sätt än att kommunicera. Håll inte undan något från någon som kan behöva något; att manipulera andra på det här sättet kommer inte att komma någonstans i närheten av att uppnå varaktig förändring jämfört med att prata ut saker genom dialog och prata igenom allt med en annan individ.

Nu är det dags att använda all smärta du har upplevt. Allt har lett fram till där du är idag, de mörkaste ögonblicken som verkade oändliga har passerat, och alla de gånger då du inte ville annat än att fly tog dig dit du är idag. Även om du kanske aldrig vill upprepa dessa upplevelser igen, lär dig att vara tacksam för dem eftersom utan dem, skulle din framtid sannolikt se väldigt annorlunda ut och mindre fördelaktig för andra. Nu är det dags att göra det du förmodligen önskar mest av allt - påverka andra! I dagens samhälle är övertalning nyckeln och att misslyckas med att övertyga vissa individer kan hindra dig från att inse de saker du verkligen önskar dig i denna livstid.

Därför är det av största vikt att få veta vem det är du vill övertyga – oavsett om det handlar om att övertyga din man om att du är redo för barn, eller att övertyga ett helt säljteam på 100 medlemmar om vikten av att pressa hårdare för att driva försäljningen; att förstå dem börjar med att bekanta dig med vilka de är och deras arbetssätt innan du kontaktar dem direkt och prövar dem personligen!

I det här skedet är det viktigt att först få en förståelse för deras bakgrund: ålder, könsidentitet och plats är bara några frågor att hålla utkik efter när du bygger övertalningsstrategier som passar dina intressen. Genom att besvara sådana frågor korrekt blir det mycket enklare att utforma strategier för övertalning.

Vissa skillnader kommer att spela en väsentlig roll i denna situation. Att till exempel närma sig din 18-åriga pojkvän för $20 skiljer sig avsevärt från att fråga din 80-åriga mormor samma sak. För att effektivt övertyga människor är det avgörande att du förstår både vad generiskt kännetecknar dem och deras unika individuella egenskaper som de som utgör deras personlighetsdrag.

När du väl förstår deras intressen och vad som gör dem lyckliga, bör nästa steg vara att bedöma vad som skulle uppmuntra försäljning om det skulle behövas - såsom rabatter, freebies eller andra belöningar för att vara kund.
När du väl förstår deras gillar och ogillar, bör nästa steg vara att identifiera de saker de ogillar - som långa returtider efter att ha köpt något, dolda avgifter eller att inte kunna anpassa sina produkter. När väl identifierats blir det enkelt att agera därefter; närhelst något kränker dem, tillhandahåll något de gillar som en lösning; även om detta verkar uppenbart kommer många som försöker påverka andra att förbise detta steg.

Slutligen, se till att du är uppmärksam på hur andra kommunicerar. Genom att förstå denna dynamik blir det mycket enklare att se till att du uttrycker saker på samma sätt med dem. Lyssna alltid på vad den andra personen säger och ge dem en plattform att tala. Var uppmärksam inte bara på vilka ord de använder utan deras ansikte när de delar information med dig. Om någon känner att de ignoreras kan de vända sig bort och mycket mindre sannolikt bli övertalade i det långa loppet - nästa avsnitt kommer att utforska detta ämne ytterligare och hur du bäst kan främja hälsosamma interaktioner i livet.
Förstå kommunikationsgrunderna

Kommunikation kan vara utmanande för oss alla. Vid första anblicken kan det verka lätt - bara öppna munnen och börja prata - men många finner sig själva kämpa för att uttrycka hur de känner i ord ensamma, även om de kanske upplever det själva. Men ju effektivare kommunikation blir i livet, desto lättare kommer livet att bli och de resulterande resultaten blir lyckligare.

För att förbättra dina kommunikationsförmåga, kom ihåg att det kräver övning för att förbättra dem. Det finns inget magiskt piller eller hemligt sätt att förbättra omedelbart - för att bli bättre måste du ständigt interagera med andra människor genom konversationer - vare sig det är med baristor på kaféer eller främlingar på busshållplatser, det är bäst att starta små konversationer när du börjar - inte men inte stör andra människor, leta bara efter sätt på vilka du kan formulera din röst utöver att säga standarden "hur mår du?".

Se till att du effektivt kommunicerar dina känslor till dig själv. Även när vi är ensamma, ibland är våra känslor fortfarande inte helt vettiga för oss. Om det behövs, börja journalföra dina känslor dagligen; ju mer du kan lösa dem på egen hand genom att skriva ner känslor som uppstår, desto lättare blir det att hantera dem på egen hand och dela dem effektivt med andra.

När du börjar övertala andra, var försiktig med dina ord. Tvinga inte någon att göra något eller sätt dem i situationer där de känner sig maktlösa att hejda sig själva – undvik fraser som "Du borde göra det här." Ingen gillar att bli tillsagd vad man ska göra!
Att först tala om dig själv kan verka kontraintuitivt, men människor kommer att reagera mer positivt genom att ta upp exempel snarare än att höra dig diktera deras beteende direkt. Låt oss till exempel säga att du vill övertala din make att börja gå upp tidigare för att minska stressen på grund av att du kommer för sent varje morgon; istället för att säga något i stil med "Du borde vakna tidigare", kan du istället säga: "Genom att börja tidigare har jag upptäckt att genom att vara mindre stressad under pendlingstiden på morgonen genom att gå upp tidigare har det minskat stressnivåerna för mig själv avsevärt och hjälpt till att minska min morgonstress innan jobbet!"

Att låta andra tro att din idé är deras kommer att säkerställa större trovärdighet för övertalning; människor tycker om att känna att de kommit på det själva snarare än att tvingas acceptera något mot sin vilja. Låt dem arbeta igenom det på egen hand så att de själva kan bedöma dess fördelar och nackdelar - på så sätt skapar du mer effektiv övertalning snarare än att tvinga på dem något.

Efter detta, var särskilt försiktig med både din ton och kroppsspråk, skapa en miljö där de känner sig bekväma när de är omkring dig. Att visa vänlighet, kärlek och medkänsla kommer att tillåta dem att relatera bättre till dig; känn dig inte pressad till stela och hårda kommunikationsstrategier bara för att folk ska göra vad du vill - försök istället vara snäll och mild istället så kommer de att svara bättre!

Se till slutligen att du behandlar dem du försöker påverka med respekt. Få dem inte att skämmas eller skämmas runt dig om de säger något dumt; bygga upp dem istället och de kommer att bemöta denna typ av vänlighet i gengäld.
Hur man konverterar negativ manipulation till positiv övertygelse

Nu borde du vara expert på grundläggande psykologi! Allt börjar i vårt sinne och manifesterar sig olika för varje individ. För att verkligen uppnå det du önskar i det här livet, är det avgörande att du börjar lära dig om andra människor och hur deras hjärna fungerar; annars riskerar du att lida irreparabel skada i rätt tid.

Ta alla manipulativa tekniker som du har lärt dig tidigare och använd dem nu för gott. Lär dig av dina negativa erfarenheter så att du kan använda dem som lärande erfarenheter om hur man inte ska behandla andra. För att övergå negativ manipulation till positiv övertalning, börja med att ha goda avsikter bakom det du vill att andra ska gå med på - något ömsesidigt fördelaktigt mellan båda parter borde vara slutmålet för alla förhandlingar mellan er båda. Lyssna noga när du pratar med andra individer om deras behov så att du kan nå en överenskommelse där båda kan få positiva fördelar tillbaka från båda inblandade parter - på så sätt vinner båda parter i form av positiva fördelar på en gång!

Se till att du prioriterar att möta andras behov framför dina egna. Naturligtvis är det viktigt att ta hand om sig själv först, men att vara omedveten om hur andra känner kommer inte att tjäna någon väl i längden.

Influencers är ledare. Om du har bra idéer som du vill förmedla till andra människor och önskar att de ska dra nytta av det du vet, är det absolut nödvändigt att du utvecklar och finslipar positiva ledarförmågor.

Andra ska inte ses som enbart ditt verktyg. Andra kan hjälpa, men du måste hjälpa dem också. En stor ledare vet hur man motiverar andra utan att tvinga fram deras vilja; med andra ord, ge något fördelaktigt i gengäld. Även om du kanske hittar någon som är villig att hjälpa till med att nå dina drömmar, var försiktig med att göra det utan kostnad eller fördel för dem själva eller dig.
Din övertygelse måste också vara en del av denna resa om du vill uppnå något viktigt i livet. Anpassa dig själv och centrera dem kring detta system, och din framgång är säker!

Se till att använda ett inkluderande språk när du pratar med andra, använd "vi"-språk och självförtroende när du gör det. De kommer sannolikt att ägna mer uppmärksamhet när de ingår som en del av denna process själva.

I detta skede av din utveckling är nyckelkomponenten att ha ett tillväxttänk. Att begränsa våra tankar leder till att vi inser mindre potential i livet, så håll dig uppdaterad med studier relaterade till övertalning, manipulation och psykologi i allmänhet samt prenumerera på nyhetsbrev eller tidningar om den mänskliga hjärnan för att få en djupare inblick i dess funktion.

Kontrollera regelbundet med din hälsa. Att misslyckas med att ta hand om alla aspekter av dig själv kan allvarligt äventyra ditt sinnes funktion när vi blir äldre, så nu är det dags att se till att vi förbereder våra sinnen därefter. Träna på att hålla ett öppet perspektiv och lyssna noga när du kommunicerar med andra; fortsätt lära dig för ju mer kunskap du samlar desto mer finns det fortfarande att upptäcka.

Använd aldrig aggression och övertalning heller. Även om rädsla kan fungera för att få människor att göra vad du vill tillfälligt, bör långvarig respekt aldrig uppnås genom rädda metoder enbart. Visa din medkänsla och förstå andra mer fullt ut så att de lyssnar mer uppmärksamt när de delar med sig av vad de tänker på.

När man analyserar en annan person är kroppsspråk nyckeln. Är de höga eller sjunker de ner? Att observera någons ögon, ansikte och armar kan avslöja mycket om vem de verkligen är - till exempel kan du märka att någon som verkar självsäker faktiskt kan lida av ångest om du börjar uppmärksamma. Du kan också upptäcka att någon du litade på ljög för dig!

Att ta reda på vad som skiljer någon från andra och förstå varför de agerar på ett visst sätt kan vara knepigt, men du kommer så småningom att börja få en mer insikt om varför någon beter sig på det här sättet. Även om inga två personer någonsin kommer att bli helt förstådda, kan du åtminstone börja få en inblick i varför vissa agerar som de gör.

När du väl kan analysera någon, bör nästa steg vara att övertyga dem om dina synpunkter eller krav. Övertalning är nyckeln när du försöker få det du vill ha av livet eller åtminstone förtjänar från andra; precis som vi diskuterade i bok ett, kommer läsning inte att göra något utan att åtgärder vidtas - även om det kan vara skrämmande att bli medveten om dig själv till en början, är detta steg väsentligt för att bli medveten om andra runt dig och bli effektiva kommunikatörer.

Människor följer ofta andra blint utan att någonsin gå djupare in i sig själva och utmana sina tankar och göra en ärlig ansträngning för att göra detta. Även om detta kan vara utmanande vid första anblicken, är det avgörande att vi utforskar vårt psyke för att kunna leva lyckligare och hälsosammare.

Påminn dig själv om att det fortfarande är sunt och normalt att låta andra påverka dig! Tänk på alla fantastiska ledare runt om i världen som kan ha inspirerat andra genom att inspirera till positiv passion och motivation hos dem de leder – många har gjort just detta med dig i åtanke!
Ingen är skyldig om de ger efter för andras inflytande; Det som kommer att göra skillnad nu är om det inflytandet kommer i form av positiv och upplyftande inspiration snarare än manipulation från någon som försöker skada dig.

När du navigerar i livet, ha detta i åtanke som ett huvudmål: använd alltid din hjärna för gott! Även om detta kan vara utmanande ibland, är det alltid den bättre lösningen att göra det. Även när den lätt manipuleras av en annan, dra inte nytta av sådana möjligheter att manipulera någon. Även om detta kan tyckas vara deras fel för att inte vara mer medvetna, anta aldrig detta; vissa individer har upplevt saker som har gjort det mer utmanande att bryta sig loss från gamla mönster och hitta hälsosammare lösningar för att hantera känslor och tankar.

Hjälp alltid andra, skada dem inte. Även de som kan ha gjort dig orätt i det förflutna bör inte bli måltavlor för din ilska; använd din intelligens för gott, hjälp till att göra världen till en bättre plats med hälsosamt inflytande, och du kommer snart att upptäcka att allt du någonsin har önskat kommer att komma din väg.

Alla uppnå framgång Börja med hjärnan

En enskild analysator eller läsare kan snabbt dechiffrera en individs personlighet genom olika attribut, inklusive vad han eller hon gör på sin fritid. Att till exempel delta i samhällsaktiviteter, volontärverksamhet och bidra till kyrkliga initiativ kan visa att de är filantropiska. Å andra sidan kan festa i det oändliga eller titta på tv tyda på låg ambition och omedelbar tillfredsställelse; även till synes triviala vanor avslöjar mycket om vem människor verkligen är.
Hur psykologi påverkar våra liv

Psykologer är oense om huruvida vårt beteende enbart bestäms av genetik eller ärftlighet; andra anser att våra erfarenheter sedan födseln är viktiga bidragsgivare. Andra tror att vår närmiljö eller våra upplevelser formar vårt beteende - till exempel om någon upplever konstant övergrepp kan deras beteende förändras som ett resultat. Till exempel om en person ständigt utsätts för övergrepp kan deras beteenden förändras i enlighet med detta;
När de växer upp och upplever marginalisering och rasism på grund av sin klass eller ras, kan de komma att förakta rikare människor eller till synes överlägsna raser samtidigt som de sympatiserar med de förtryckta.

På samma sätt kan barn som upplever ihållande mobbning, övergrepp eller kränkning som barn växa upp till att bli mobbare själva. Deras syn, värderingar, personlighet och attityd kommer sannolikt att ha formats av sådana tidiga erfarenheter av våld och övergrepp i tidiga liv.

Har du stött på människor som verkar ha för avsikt att läsa sin personlighet genom stjärntecken eller astrologi? Är inte detta ett tecken på låg självkännedom och förståelse? Till exempel tenderar människor att dras till saker som de saknar mycket av; någon som berövats tillräcklig uppmärksamhet från föräldrarna i tidig barndom eller tonåring kan bli någon som tycker om drama och uppmärksamhetssökande strategier i vuxen ålder, kanske blir allt mer dramatisk och prålig med tiden.

Människoanalysatorer bör vara uppmärksamma på subtila signaler som kan ge bort vem personen verkligen är. Det finns gott om tecken runt omkring oss; allt du behöver göra som analytiker är att hålla utkik.
vi

Vårt sinne kan delas in i tre distinkta lager - medvetna sinne, undermedvetna och undermedvetna. Medveten medvetenhet omfattar tankar, handlingar, lärdomar och upplevelser från enbart medveten medvetenhet, undermedvetna och omedvetna är sfärer i sinnet som kan innehålla information som vi inte inser är närvarande; genom medvetande medvetenhet får vi en medvetenhet om alla uppfattningar, känslor, begrepp eller idéer som samlats in från vår omedelbara omgivning och som annars skulle kunna förbli osedda eller okända för oss.

Men när det kommer till vårt undermedvetna och omedvetna, har vi vanligtvis mycket begränsad medvetenhet om alla deras tankar, idéer, koncept och information som lagras där. Vårt medvetna sinne visar bara en del av dess komplexitet; det finns flera lager under dess yta som påverkar vår personlighet och beteende utan vår medvetenhet.

Börja med dig själv om du vill bli en effektiv folkanalytiker. Bedöm hur mycket du vet eller hur väl du förstår dig själv eller din egen personlighet eller beteendemönster, inklusive eventuella triggers som driver dina beteenden – vilka övertygelser, rädslor, motivationsfaktorer eller värderingar kan driva ett sådant beteende?

När du förstår dig själv och de olika personligheter och beteenden, börja utforska nära vänners och familjemedlemmars. När det här steget har slutförts, försök att förstå främlingar som de du ser medan du väntar på läkarmottagningar eller flygplatser samt människor du träffar för första gången på fester eller under vardagliga interaktioner - fortsätt att öva på denna färdighet tills den kommer naturligt och kan läsa människor snabbt och effektivt gillar en expert!

Känslor och mänskligt beteende

Känslor är flyktiga upplevelser vi har som en del av mental aktivitet. Även om känslor kan verka rationella eller logiska till en början, ibland förblir våra reaktioner känslomässiga trots bevis mot att vännen hotas eller anklagas. Till exempel även när de presenteras för bevis på att de har gjort fel.
Även när någon sviker oss bakom vår rygg förblir vi lojala och litar mer på dem.

Som människor tenderar vi att agera på impuls snarare än resonemang. Människors beteenden är starkt påverkade av känslor. Att förstå dem ger oss förmågan att förstå och förutsäga deras handlingar, personlighetsdrag och beteendemönster. Psykologiska teorier
Klassisk konditionering är en allmänt känd psykologisk teori där individer lär sig genom att associera vissa beteenden med belöningar eller förstärkare, såsom godsaker. Samma princip används ofta när du tränar djur - till exempel när du belönar din hund med godsaker varje gång den hämtar en boll! Oundvikligen kommer hämtning att

förknippas med godsaker till ditt husdjur; så småningom lär den sig att det är nödvändigt att hämta om han vill ha en goding!

Klassisk konditionering spelar en stor roll i våra liv som människor. Från födseln förknippar vi gråt med att få mat och hållas ren; att studera konsekvent för att få bra betyg i skolan. Klassisk konditionering påverkar varje aspekt av livet - spädbarn lär sig att gråt betyder att de kommer att få mat eller städas; eleverna upptäcker att studera flitigt ger bra betyg. Därför förblir klassisk konditionering inflytelserik under hela livet: som individer lär vi oss hur man reagerar på vissa stimuli på vissa sätt - vilket utgör en av nyckeldeterminanterna när det gäller beteendeanalys.

Mänskligt beteende och fysiologi.

Studier visar att människor uppvisar specifika fysiska reaktioner på stimuli som kan användas som indikatorer när det gäller att analysera dem. Kriminella psykologer använder vanligtvis denna princip för att förstå kriminell psykologi och vad som motiverar brottslingar att begå brott; med biometrisk teknik försöker utredare avgöra om misstänkta tankar stämmer överens med handlingar.

Psykologiska och fysiologiska tekniker kombinerade är kraftfulla verktyg för att avslöja motiven för mänskligt beteende. Våra kroppar uppvisar specifika fysiologiska reaktioner när någon ägnar sig åt bedrägeri eller lögner, såsom vidgade pupiller, svett eller andra tecken på att de kan vara vilseledande eller ljuga.
Hjärtfrekvensen ökar, hjärtklappningen ökar, svettning ökar och tåryckningar uppstår oftare när man känner sig hotad eller obekväm. Att analysera människor med hjälp av fysiologiska eller icke-verbala ledtrådar kan ge en mer exakt analys; Men som med alla former av analyser kan den aldrig vara 100% tillförlitlig.

Men alla former av kommunikation har inte förmågan att övertyga människor, eftersom vissa kan helt enkelt tjäna till att underhålla eller ge information. Övertalning kan också användas som ett motbjudande sätt att manipulera andra; att försöka övertala andra kan till och med betraktas som ett frånstötande beteende. Övertalning bör särskiljas från kommunikation eftersom dess orsak ger upphov till förändringar i beteendeförändringar som en effekt eller respons.

Här kommer vi att utforska de stadier en person går igenom när han blir övertalad. Först är kommunikation där mottagaren uppmärksammar innehållet som tillhandahålls. Han eller hon kommer sedan att försöka förstå alla aspekter av kommunikationen som helhet, inklusive att försöka förstå vad talaren försöker förmedla. Detta inkluderar att förstå vilka slutsatser talaren föreslår samt alla bevis som kan stödja denna slutsats. Övertalning uppstår när en individ accepterar eller accepterar det som tillhandahålls och behåller det intresset tillräckligt länge för att agera på det. Det primära målet med övertalning är att en individ eller en grupp människor ska anta nya attityder, som att byta märke av spannmål på grund av ny information som presenteras eller ändra religiös övertygelse.

Konditioneringsteorier Konditionering är ett av de primära begreppen inom övertalning. Konditionering försöker övertyga någon om något på egen hand snarare än att ge direkta instruktioner som lydnad.

Konditionering används i stor utsträckning av annonsörer i reklam för att skapa positiva associationer mellan deras varumärke eller logotyp och positiva känslor. Företag tar till reklam som uppmuntrar tittarna att skratta, känna sig sentimentala eller använda glad musik och bilder; när dessa reklamfilmer avslutas avslöjar de varumärkets logotyp med hopp om att dessa känslor kopplar ihop med deras produkt eller tjänst.

Ympningsteorin Inokuleringsteorin kan ofta observeras i jämförande annonser. Enligt detta koncept har den ena sidan svaga argument som kan göra att deras trovärdighet minskar och därmed få publiken att istället välja en annan parts överordnade argument.

Berättande av transportteori.

Den narrativa transportteorin postulerar att attityder hos människor kan förändras när de fördjupar sig i berättelser. Den försöker visa berättelsernas övertygande kraft genom att förklara när individer kan uppleva narrativ transport på grund av att de möter olika förutsättningar; vidare uppstår narrativ transport när man lyssnar på berättelser som framkallar vissa känslor som empati för dess karaktärer.

Utdrag från: "Hur man analyserar människor och kroppsspråk för nybörjare. Få insikt i kropps- och hjärnhemligheter för att få extraordinära kommunikationsfärdigheter Mindset NLP."

SLUTET

www.ingramcontent.com/pod-product-compliance
Lightning Source LLC
Chambersburg PA
CBHW081917120726
47996CB00010B/3371